8 Maneiras de Manter
O Diabo
Debaixo dos
Seus Pés

JOYCE MEYER

8 MANEIRAS DE MANTER O DIABO DEBAIXO DOS SEUS PÉS

1.ª edição
Belo Horizonte

Edição publicada mediante acordo com FaithWords, New York, New York. Todos os direitos reservados.

Diretor
Lester Bello

Autor
Joyce Meyer

Título Original
Eight Ways to Keep the Devil Under Your Feet

Tradução
Maria Lucia Godde Cortez / Idiomas & Cia

Revisão
Ana Lacerda, Luísa Calmon,
Daniele Ferreira/Idiomas & Cia

Diagramação
Julio Fado

Design capa (adaptação)
Fernando Rezende

Impressão e acabamento
Promove Artes Gráficas

BELLO
PUBLICAÇÕES

Rua Vera Lúcia Pereira, 122
Goiania - CEP 31.950-060
Belo Horizonte/MG - Brasil
contato@bellopublicacoes.com.br
www.bellopublicacoes.com.br

Copyright desta edição
© 2002 by Joyce Meyer
FaithWords Hachette Book Group
New York, NY

Publicado pela
Bello Comércio e Publicações Ltda-ME
com a devida autorização de
Hachette Book Group e todos
os direitos reservados.

Primeira edição — Fevereiro de 2015

Todos os direitos reservados. Nenhuma parte desta publicação poderá ser reproduzida, distribuída ou transmitida sob qualquer forma ou meio, ou armazenada em base de dados ou sistema de recuperação, sem a autorização prévia por escrito da editora.

Exceto em caso de indicação em contrário, todas as citações bíblicas foram extraídas da Bíblia Sagrada *The Amplified Bible* (AMP) e traduzidas livremente em virtude da inexistência dessa versão em língua portuguesa. Quando a versão da AMP correspondia com o texto da Almeida Revista e Atualizada, esse foi o texto utilizado nos versículos fora dos colchetes. Outras versões utilizadas: NVI (Nova Versão Internacional, Editora Vida).

Meyer, Joyce

M612   Oito maneiras de manter o diabo debaixo dos
seus pés / Joyce Meyer; tradução de Maria Lucia
Godde Cortez / Idiomas & Cia. – Belo Horizonte:
Bello Publicações, 2015.
196p.
Título original: Eight ways to keep the devil under your feet.
ISBN: 978-85-8321-016-0

1. Orientação espiritual. 2.Vida cristã. 3. Palavra
de Deus. I. Título.

CDD: 248   CDU: 266

Elaborada por: Maria Aparecida Costa Duarte CRB/6-1047

Sumário

Introdução 7

Parte 1: TUDO SE RESUME EM FAZER

1. Tome Posse da Terra 17

2. Você Quer Realmente Ser Curado? 25

3. Seja Alguém que Faz, Não Apenas Alguém
   que Ouve 39

Parte 2: OITO MANEIRAS DE MANTER O DIABO
DEBAIXO DOS SEUS PÉS

Introdução 61

4. Permaneça em Paz na Tempestade 65

5. Passe Tempo com Deus 83

6. Vigie Sua Boca 99

7. Submeta-se a Deus 121

8. Ande em Amor 139

9. Saiba a Diferença Entre "Ser" e "Fazer" 153

10. Pense No Que Você Está Pensando 161

11. Ore em Todo o Tempo 167

Conclusão

Orações:

Para Colocar o Diabo Debaixo dos Seus Pés 177

Para Ter um Relacionamento Pessoal com o Senhor 187

Notas 189

Sobre a Autora 195

Introdução

Introdução

Desde o princípio dos tempos, Deus tinha um bom plano para nossas vidas,[1] mas Seu plano original foi arruinado pelo diabo, que provocou a queda do homem no Jardim do Éden.[2] Deus havia dado a Adão e Eva o domínio sobre tudo no Jardim. Mas ao desobedecerem a Deus, eles perderam a autoridade que possuíam, e de repente Satanás passou a estar no controle.

Nunca devemos nos esquecer de que Satanás é um ladrão e um mentiroso.[3] Desde o princípio ele tem procurado afastar de nós as boas coisas que nos pertencem, e ele continuará a fazê-lo se permitirmos. Ele permanecerá na nossa propriedade se não o expulsarmos.

Durante anos pensei que resistir ao diabo significava apenas me posicionar contra ele de alguma maneira, que se me levantasse e o repreendesse por tempo suficiente e alto o suficiente, ele por fim teria de me deixar em paz. Entretanto, descobri que não era bem assim. Então busquei a Deus para entender por que eu não conseguia vencer nessa área, e Ele me mostrou uma nova maneira de combater o inimigo. Compartilharei com você neste livro o que aprendi.

Podemos ter domínio sobre as obras do diabo.

Jesus, o Filho de Deus, veio à Terra e nos libertou do poder e da autoridade do inimigo. Cristo é o Cabeça da Igreja, e nós somos o Seu corpo. Precisamos nos levantar e assumir nosso lugar de direito nele.

Jesus está assentado nas regiões celestiais, e de acordo com Efésios 2:6, estamos assentados com Ele em virtude da nossa fé nele. Onde Ele está, nós estamos — e este é o lugar no qual a Bíblia diz que Ele está:

> *Acima de todo o principado, e autoridade, e poder, e domínio, e de todo o nome que se nomeia [acima de todos os títulos que podem ser conferidos], não só nesta era e neste mundo, mas também na era e no mundo que estão por vir.*
>
> *E Ele colocou todas as coisas debaixo dos Seus pés e O constituiu o Cabeça universal e supre-*

INTRODUÇÃO

mo da igreja [uma liderança exercida em toda a igreja].

EFÉSIOS 1:21,22

Jesus é Senhor sobre tudo, e *Ele colocou todas as coisas debaixo dos Seus pés.* E se nós estamos nele, isso significa que o único lugar para Satanás em nossas vidas é debaixo dos nossos pés. Portanto, o único poder real ou autoridade que o diabo tem sobre nós é aquele que damos a ele ou que ele consegue obter através do engano.

Um dos seus principais objetivos é nos enganar.[4] Lembre-se de que ele é um mentiroso. Ele espera que acreditemos em suas mentiras porque, se o fizermos, então seremos enganados. Todas as vezes que ele nos engana, damos a ele o direito de usar seu poder contra nós.

A verdade é que Satanás pode nos atacar, mas não necessariamente nos derrotar.

Escrevi este livro para que, caso você tenha sido enganado pelas mentiras de Satanás no passado, você agora tenha conhecimento da autoridade que Deus lhe deu de pisar nele[5] — e você será capaz de exercer essa autoridade.

Exerça Sua Autoridade

Talvez, por ser um crente, você pense que pode chegar a um ponto em que o diabo não o incomodará mais, mas creio que ele lança diferentes ataques contra nós regularmente. A boa notícia é que somos mais fortes que ele porque temos Aquele que é maior vivendo dentro de nós.

1 João 4 diz que maior é Aquele que está em nós do que aquele que está no mundo. Somos ensinados em Romanos 8:11 que o mesmo Espírito que ressuscitou Cristo dos mortos habita em nós. Como crentes, temos tudo o que precisamos para levar uma vida vitoriosa se não permitirmos que o inimigo nos governe.

Agora, quando digo que não devemos permitir que o inimigo nos governe, isso não significa que nunca teremos problemas. Mas sim que mesmo em meio aos nossos problemas ainda podemos ser alegres.

Deixe-me fazer-lhe uma pergunta. O que é melhor: ter alegria porque não temos problemas ou ter alegria em meio aos nossos problemas? Até mesmo os incrédulos podem ter alegria se não tiverem problemas, mas é preciso o poder do Espírito Santo para nos mantermos alegres[6] em meio a um problema, até mesmo um grande problema.

INTRODUÇÃO

> *Não importa o que esteja acontecendo em sua vida exteriormente, se você tem alegria em seu interior, ainda pode desfrutar a vida.*

Não importa o que esteja acontecendo em sua vida exteriormente, se você tem alegria em seu interior, ainda pode desfrutar a vida.

É fácil ser alegre quando você tem a compreensão de que Satanás não tem direito de fazer nada contra sua vida injustamente.

Este livro contém informações importantes que o diabo espera que você nunca descubra, porque elas representam um novo conhecimento que irá ajudá-lo a lutar contra ele e vencer.

A Parte 1 aborda ações importantes que devemos seguir para obtermos as boas coisas que Deus tem para nós e para impedirmos que o diabo as afaste de nós. A Parte 2 abrange oito maneiras de resistir ao diabo, derrotá-lo e mantê-lo debaixo dos nossos pés. Satanás não pode derrotar um crente obediente que tem uma compreensão sólida de como se posicionar contra os seus ataques.

Talvez você esteja enfrentando alguma espécie de ataque do inimigo neste instante. Oro para que

. 13 .

Oito maneiras de manter o Diabo debaixo dos seus pés

esta mensagem o ajude a começar a *partir para* o ataque em lugar de ficar *sob* o ataque do inimigo, porque essa é a chave para fazer o diabo largar do seu pé e colocá-lo no lugar que lhe pertence — *debaixo dos seus pés.*

PARTE 1

TUDO SE RESUME EM FAZER

1
TOME POSSE DA TERRA

Eis que tenho posto esta terra diante de vós; entrai e possuí a terra que o Senhor jurou a vossos pais, Abraão, Isaque e Jacó, que a daria a eles e à sua descendência depois deles.

Deuteronômio 1:8

Quando Deus tirou os israelitas do Egito depois de 430 anos de cativeiro no Egito,[1] Ele por fim os conduziu ao rio Jordão.[2] Do outro lado do rio ficava Canaã, a terra que Ele havia prometido dar a eles e aos seus descendentes depois deles. Por intermédio de Moisés, que foi escolhido por Deus como seu líder, o Senhor os instruiu a entrar e a tomar posse da Terra Prometida.[3]

Por causa do que Jesus fez por nós na cruz,[4] você e eu podemos possuir a terra que Deus nos deu. Podemos ter acesso a tudo o que Ele diz em Sua Palavra. Podemos viver na realidade das Suas promessas para nós.

Podemos fazer mais do que apenas sonhar com as promessas de Deus, falar sobre elas e observar todos os outros as possuírem; podemos realmente viver em justiça, paz, alegria, prosperidade e cura, podemos ser bem-sucedidos social e espiritualmente, bem como ter contentamento na vida que vivemos. Podemos ouvir a voz de Deus e receber a revelação do conhecimento dado por Ele. Podemos receber sabedoria de Deus e direcionamento a respeito das decisões que devemos tomar.

Deus tem muitas coisas boas guardadas para o Seu povo, mas para recebê-las, precisamos *fazer* alguma coisa. Para viver na boa terra que Ele preparou para nós, precisamos estar dispostos a entrar e tomar posse dela.

CHEGA DE DESCULPAS

Então Calebe fez calar o povo perante Moisés, e disse: Subamos de uma vez e a possuamos; porque somos capazes de conquistá-la. Porém, os homens que com ele subiram disseram: Não poderemos subir contra aquele povo [de Canaã], porque é mais forte do que nós.

NÚMEROS 13:30-31

Possuir a terra envolve desapossar os ocupantes atuais. No caso dos israelitas, os ocupantes atuais eram os cananeus; no nosso caso, eles são seres espirituais.[5]

Nosso inimigo espiritual, Satanás, procura afastar de nós as coisas boas que nos pertencem. Então, a fim de possuir a terra e desfrutar as muitas bênçãos disponíveis aos filhos de Deus, precisamos aprender a lidar com o diabo.

Não podemos combatê-lo usando táticas comuns. Ele é um espírito, por isso precisamos combatê-lo através de uma guerra "espiritual" (abordaremos esse tema mais adiante). Não há como sermos preguiçosos, darmos desculpas ou sermos irresponsáveis e termos sucesso ao lidar com ele.

Em outras palavras, significa que chega de desculpas para nós, porque uma desculpa é simplesmente um motivo recheado com uma mentira.

Cada um de nós tem uma mala invisível cheia de desculpas. Nós a levamos conosco por onde quer que vamos. Quando Deus coloca algo em nosso coração que devemos fazer, mas nós não queremos fazê-lo, simplesmente enfiamos a mão nessa mala e tiramos uma desculpa, como por exemplo: "Tenho medo".

Assim como os israelitas em Números capítulo 13, pensamos que esse tipo de desculpa nos livra da responsabilidade de fazer o que Deus nos disse para fazer. Mas a resposta de Deus para nós é: "Então faça, mesmo com medo!"

Quem disse que você não pode fazer o que Deus lhe disse para fazer, ainda que tenha de fazê-lo com medo?

Às vezes Deus nos dirá para não fazer alguma coisa. Ele pode dizer "Não quero que você assista a este filme", ou "Não quero que vá àquela festa". Quando isso acontece, olhamos para dentro da nossa mala de desculpas e dizemos: "Mas, Senhor, todo mundo vai". Isso não significa que você e eu podemos fazer o mesmo. O mundo pode fazer, mas isso não significa que nós podemos.

Temos de entender que somos indivíduos diante de Deus, e que Ele não irá nos pedir para ser como outra pessoa e para fazermos algo ou deixarmos de fazer algo só porque eles estão fazendo ou deixando de fazer. Deus requer que façamos o que é certo *para nós*.

Faça a Sua Parte

Porque nós somos cooperadores de Deus (empreendedores que trabalham em conjunto com Deus e para Deus).

1 Coríntios 3:9

Suponhamos que estejamos agindo de maneira errada, sendo mal-humorados e irritadiços, tratando a todos de forma rude, e alguém nos diga: "O que está havendo com você hoje?"

Talvez nossa resposta seja, "Bem, tive um dia ruim no escritório".

Isso não é desculpa para ser grosseiro. Muitas pessoas têm um dia ruim e ainda conseguem ser gentil com os demais.

Acredito que não temos a menor ideia de quantas desculpas damos achando que elas justificam a maneira como agimos. Mas as desculpas não nos justificam; elas só adiam o inevitável.

A Terra Prometida está sempre à nossa disposição, mas para viver como Deus pretende que vivamos, precisamos fazer nossa parte — não a parte de Deus, mas a nossa.

Existe uma parte que é feita por Deus, mas há uma parte que só nós podemos *fazer*. Estou enfatizando que precisamos fazê-la deliberadamente, como um propósito. Quando Deus nos diz para fazer algo, não importa nossa opinião, nossos sentimentos ou se queremos fazê-lo ou não.

Todos nós queremos, pensamos e sentimos. Mas muitas vezes o que Deus quer, o que Ele pensa e o que Ele sente são coisas totalmente opostas ao que queremos, pensamos e sentimos. E adivinhe quem precisa vencer essa batalha? Deus!

O Espírito *versus* A Carne

Porque os desejos da carne são opostos ao Espírito [Santo], e [os desejos do] Espírito [Santo] são opostos à carne [natureza humana sem Deus]; porque eles são antagônicos entre si [resistem continuamente um ao outro e estão continuamente em conflito um com o outro], de modo que vocês não são livres, mas são impedidos de fazer o que desejam fazer.

GÁLATAS 5:17

Esse versículo bíblico descreve como o espírito guerreia contra a carne e a carne guerreia contra o espírito, como estão sempre em antagonismo um ao outro, continuamente. É por essa razão que precisamos aprender a lidar com nossa própria carne e não permitir que ela nos governe.

A carne deve ser mortificada frequentemente.[6] A morte a que estou me referindo é a morte espiritual, e não física. A morte espiritual exige que nos esvaziemos do mundo e dos seus caminhos, do egoísmo, da vontade própria e de todas as obras da carne.

Quando o apóstolo Paulo declarou: "*Dia após dia, morro!*",[7] ele quis dizer que todos os dias tinha de dizer "não" às coisas erradas que o impediriam de andar dentro do bom plano que Deus tem para a vida de cada um dos Seus filhos.

Você lerá mais sobre esse assunto em um próximo capítulo, mas por ora lembre-se disto: muitas vezes temos grandes problemas em nossa vida simplesmente porque não queremos nos posicionar e fazer o que precisamos fazer.

2
VOCÊ QUER REALMENTE SER CURADO?

Depois disto havia uma festa entre os judeus, e Jesus subiu a Jerusalém.

Ora, em Jerusalém há um tanque, próximo à porta das ovelhas. Este tanque em hebraico é chamado Betesda, o qual tem cinco alpendres (nichos, colunas, portais).

Nestes jazia grande multidão de enfermos — alguns cegos, outros aleijados e outros paralíticos (ressequidos) — esperando o movimento da água.

Porquanto um anjo do Senhor descia em certo tempo ao tanque, e movia e agitava a água; e o primeiro que ali descia, era curado de qualquer enfermidade que tivesse.

E havia ali um certo homem que, havia trinta e oito anos, sofria de um distúrbio profundamente arraigado e prolongado.

João 5:1-5

Amo essa passagem da Bíblia. Aprendo muitas lições com essa história do homem que havia ficado deitado ao lado do tanque de Betesda por trinta e oito anos, esperando que o anjo viesse e agitasse as águas para que ele pudesse entrar e ser curado do seu *distúrbio prolongado e profundamente arraigado.*

Você está familiarizado com *distúrbios prolongados e profundamente arraigados?* É possível que você mesmo esteja sofrendo com esse tipo de problema?

Sabemos o quanto Jesus era amoroso e compassivo, e o quanto Ele queria ajudar as pessoas. Jesus não mudou,[1] e Ele está nos fazendo a mesma pergunta que fez ao homem junto ao tanque de Betesda.

"Você Quer Ser Curado?"

Quando Jesus observou-o deitado ali [impotente], sabendo que já estava há muito

> *tempo nesse estado, perguntou-lhe: Queres ser curado? [Você realmente deseja ardentemente ser curado?]*
>
> João 5:6

Creio que o Senhor está nos dizendo nesse versículo: "Você quer realmente possuir a terra? Você quer realmente manter Satanás debaixo dos seus pés? Você está realmente pronto para fazer o que for necessário para que isso aconteça?"

Todos nós temos desejos — e muitos. Mas se realmente queremos algo de verdade, faremos o que for preciso para consegui-lo.

Cheguei a um ponto em minha vida onde simplesmente não podia mais suportar ficar angustiada. Eu repreendia demônios. Eu orava para ter paz. Tentava fazer com que todos ao meu redor mudassem e me dessem o que eu queria para que eu pudesse ter paz. Mas nada disso estava acontecendo.

Finalmente, simplesmente me humilhei diante de Deus e disse: "Senhor, preciso ter paz. Não importa o que eu precise fazer. Não importa por que tipo de mudanças precise passar. Não importa o quanto Tu tenhas de me mudar ou o quanto eu tenha de me adaptar e de me ajustar a todos ao meu redor. Simplesmente preciso ter paz".

Agora tenho paz em minha vida, mas precisei fazer certas coisas para obter essa paz. Por exemplo, precisei aprender a não discutir com meu marido. Precisei aprender que quando Deus dizia "Dê alguma coisa a alguém", eu tinha de dá-la imediatamente. Em outras palavras, tive de aprender a fazer tudo o que Deus me dissesse para fazer em meu coração e na Sua Palavra.

OBEDIÊNCIA RADICAL E EXTRAVAGANTE

E todas estas bênçãos virão sobre ti e te alcançarão se ouvires a voz do Senhor, teu Deus.

DEUTERONÔMIO 28:2

As promessas de Deus nem sempre vêm sem algumas condições. A salvação, claro, é um dom inteiramente gratuito. Deus realmente nos abençoa. Ele é misericordioso, e Ele realmente faz certas coisas por nós que não merecemos. Mesmo quando não nos comportamos da maneira correta, ainda podemos orar pedindo misericórdia e pedir a Deus que nos ajude.

Mas qualquer pessoa que queira viver dentro das bênçãos radicais de Deus, aquele tipo de bênção que nos persegue pela rua e nos alcança, precisa fazer algo para recebê-las.

Precisamos entender que receber o pacote de bênçãos descrito em Deuteronômio 28:1-14 depende de algumas condições. O versículo 1 dessa passagem diz: *"Se atentamente ouvires a voz do Senhor, teu Deus, tendo cuidado de guardar todos os seus mandamentos que hoje te ordeno, o Senhor, teu Deus, te exaltará sobre todas as nações da terra".*

Então, como vimos, o versículo 2 diz: *"E todas estas bênçãos virão sobre ti e te alcançarão se ouvires a voz do Senhor, teu Deus".*

As bênçãos radicais e escandalosas são fruto de uma obediência radical e extravagante.

Embora queiramos ter todas as bênçãos relacionadas nesse capítulo, não estamos dispostos a fazer o que é preciso para recebê-las.

As bênçãos radicais e escandalosas são fruto de uma obediência radical e extravagante. Elas são fruto da disposição de obedecer a Deus, quer Ele nos diga para fazermos alguma coisa em nosso coração ou na Sua Palavra.

O fato é que não precisamos choramingar e reclamar daquilo que Deus nos diz para fazer, porque quando Ele nos pede para fazer qualquer coisa, Ele também nos dá a capacidade de fazê-la.

"MAS EU NÃO CONSIGO!"

O inválido respondeu: Senhor, não tenho ninguém que me ponha no tanque, quando a água é agitada...

JOÃO 5:7

Essa é uma das maiores desculpas que temos em nossa mala de desculpas: "Não consigo".

Mas se Deus diz que podemos, então nós podemos mesmo! Lembre-se de que se Deus nos disser para fazermos alguma coisa, Ele nos dará a capacidade para fazê-la.

"MAS É TÃO DIFÍCIL!"

... mas enquanto estou tentando entrar [nele], vem outro e desce antes de mim.

Outra desculpa que damos é: "É muito difícil, é difícil demais". Todas as vezes que dizemos isso, a coisa se torna um pouco mais difícil.

Em vez de dizer "É muito difícil", precisamos dizer: "Posso todas as coisas em Cristo que me fortalece".[2]

Jesus disse àquele homem, no capítulo 5 de João: "Você quer realmente ser curado?" Precisamos fazer a mesma pergunta a nós mesmos sobre cada problema que enfrentamos.

Se nós estamos tendo dificuldade para responder a essa pergunta, o motivo talvez seja porque Deus já nos disse aquilo que precisamos fazer para colocar nossa vida em ordem e para receber as bênçãos radicais que Ele quer começar a manifestar em nossa vida. O problema pode ser este: simplesmente não fizemos ainda o que Ele nos disse para fazer.

Nesse caso, provavelmente ainda não o fizemos porque o que Ele nos disse para fazer aparentemente será difícil. Aparentemente, será algo desconfortável. Talvez tenhamos de suportar algumas pessoas que não queremos tolerar ou ir a algum lugar aonde não queremos ir. Podemos ter de ficar em casa algumas noites e não andar com um grupo que talvez esteja envenenando nossa vida de alguma forma.

É difícil ficar só. Mas não há nada mais difícil do que estar infeliz o tempo todo. Se continuarmos a dar desculpas, sentiremos a dor causada pela desobediência, e esse é um tipo de dor que nunca desaparece; ela está sempre presente. Existe também um tipo de dor que experimentamos por algum tempo; ela crucifica a nossa carne, mas nos tira do cativeiro e nos leva a experimentar uma liberdade gloriosa.

Foi difícil para mim aprender a me submeter a meu marido, como a Bíblia ensina.[3] A minha carne gritava, esperneava e berrava porque eu não podia fazer as coisas acontecerem do meu jeito, e eu pensava que ia morrer. Mas por ter aprendido a crucificar minha carne, agora nosso relacionamento é maravilhoso. Quando meu marido me diz para fazer alguma coisa que não quero fazer, ou quando quero fazer alguma coisa e ele me diz: "Não, não vamos fazer isto", é extremamente libertador não ter de passar três semanas furiosa, irritada e tendo um ataque de nervos. Agora tenho uma postura calma e pacífica que diz: "Deus, farei o que ele quiser".

Não é fácil para a minha carne fazer isso, mas eu prefiro ceder pacificamente e confiar em Deus para mudar meu marido se ele estiver errado a ficar irritada e zangada e perder a minha paz.

Se abrigarmos a rebelião em nossas almas, precisaremos passar por algumas coisas para nos livrarmos dela. Teremos de fazer o que Deus diz para fazermos, e não alimentar nossa carne cedendo a ela e fazendo o que temos vontade de fazer. Se persistentemente negarmos nossa carne, por fim ela começará a secar e a morrer, até o dia em que não terá mais toda essa força e poder sobre nós.[4]

Ande em Obediência

E aqueles que pertencem a Cristo Jesus (o Messias) crucificaram a carne (a natureza humana sem Deus), com as suas paixões, apetites e desejos.

GÁLATAS 5:24

No Antigo Testamento, os filhos homens tinham de passar pelo ritual da circuncisão como sinal de que estavam dispostos a entrar em uma aliança com Deus.[5] Essa era a parte deles. Eles tinham de ser circuncidados.

Ainda temos de ser circuncidados hoje, mas agora Deus quer que nosso coração[6] e nossa carne — nossa própria maneira de ser e agir — sejam circuncidados a ponto de andarmos em obediência a Ele.

Circuncidar significa "cortar fora a carne". Fazemos isso no sentido espiritual, cortando fora imediatamente qualquer pensamento ou atitude errados que venham à nossa mente a fim de que nosso coração esteja reto diante de Deus. Poderíamos dizer que a carne precisa ser subjugada, quebrantada.

Creio que a história bíblica da mulher com o vaso de alabastro é sobre isso, tem a ver com quebrantar a carne. Ela quebrou aquele vaso para que o perfume de alto valor pudesse ser derramado. Da mesma forma, temos de "quebrar" nossa carne para que boas coisas vindas da parte de Deus possam ser derramadas sobre nós.

DERRAME AS BOAS COISAS DE DEUS

> *Estando ele em Betânia, reclinado à mesa, em casa de Simão, o leproso, veio uma mulher trazendo um vaso de alabastro com preciosíssimo perfume de nardo puro; e, quebrando o alabastro, derramou o bálsamo sobre a cabeça de Jesus.*

> MARCOS 14:3

Todos temos um doce perfume em nós. Mas nosso vaso de alabastro (nossa carne) precisa ser subjugado, quebrado, para que o perfume (as boas coisas de

Deus) possa ser derramado sobre nós. Estamos "grávidos" das boas coisas de Deus. Cada um de nós tem o fruto do Espírito — amor, alegria, paz, paciência, benignidade, bondade, fé, mansidão e temperança.[7] Mas muitas vezes nosso vaso de alabastro (nossa carne) o impede de ser derramado.

Ah, como amamos nosso vaso de alabastro. Não queremos quebrá-lo, afinal de contas, ele é um vaso tão lindo! Passamos tanto tempo cuidando dele, não queremos que ele seja quebrado. Infelizmente, nos preocupamos muito com o nosso conforto imediato, no dia de hoje, e nos preocupamos pouco com o depois.

No meu ministério, amo contratar pessoas que estejam prontas a investir hoje por causa dos benefícios que esse investimento trará para elas no futuro.

"Não Vou Continuar Assim!"

Respondeu-lhe o inválido: "Senhor, não tenho ninguém que me ponha no tanque, quando a água é agitada; mas, enquanto estou tentando entrar [nele], desce outro antes de mim".

João 5:7

Amo esse versículo. E que grande desculpa ele contém: "Não tenho ninguém que faça isso por mim, e todas as vezes que tento, alguém passa na minha frente".

Imagino que depois de trinta e oito anos, uma pessoa diligente e determinada poderia ter se arrastado até a beira daquele tanque. Ainda que esse homem tivesse se movido apenas um centímetro por ano, parece-me que em trinta e oito anos ele teria sido capaz de se aproximar o suficiente da beirada para se jogar na água quando ela fosse agitada.

Trinta e oito anos é muito tempo para se passar deitado em algum lugar, esperando que alguém faça alguma coisa por você. Eu ficaria na beirada daquele tanque, e no ano seguinte, quando o anjo aparecesse, quando aquela água começasse a borbulhar, eu me jogaria nela e diria: "Serei curada ou morrerei, mas não vou continuar assim!"

Ação Gera Mudança

Jesus lhe disse: "Levante-se! Pegue a sua cama (maca) e ande!" Instantaneamente, o homem ficou curado e recuperou a sua força e pegou a sua cama e andou...

João 5:8-9

Observe que Jesus não disse: "Ah, pobre homem, sinto tanta pena de você". Ele disse: *Levante-se! Pegue a sua cama... e ande!*

"Levante-se e Vá Andando"

Depois da morte de Moisés, o servo do Senhor, o Senhor falou a Josué filho de Num, ministro de Moisés: "Moisés, Meu servo, é morto. Portanto agora levante-se [tome este lugar], passe este Jordão, você e todo este povo, à terra que Eu estou dando a eles, os israelitas. Todo lugar sobre o qual pisar a planta dos seus pés, Eu lhes tenho dado, como prometi a Moisés".

Josué 1:1-3

Deus já determinou que eu e você sejamos abençoados, mas como vimos, temos de expulsar os atuais ocupantes que estão sobre aquilo que nos pertence, a saber, o inimigo — seja qual for a forma pela qual ele se manifeste em nossas vidas.

Josué e os israelitas tinham de expulsar os ocupantes que naquele momento estavam sobre a terra que Deus havia lhes dado, antes de poder ocupá-la. Primeiro eles tinham de fazer algo.

Observe o versículo 2 citado anteriormente, no qual o Senhor disse a Josué para se levantar e seguir em frente. Em outras palavras, Deus lhe disse: "Levante-se e Vá Andando".

Talvez a Igreja precise mais do que nunca se levantar e ir andando! Precisamos parar de ficar sentados esperando que algum tanque comece a borbulhar. Precisamos parar de querer que tudo aconteça por milagre.

Por favor, não me entenda mal. Creio em milagres e louvo a Deus por eles. Mas fico cansada de ouvir as pessoas dizerem: "Quando vou receber meu milagre?"

Você e eu recebemos um milagre quando fomos salvos. Recebemos outro milagre quando fomos cheios do Espírito Santo. Vivemos milagres todos os dias. Milagres existem, mas Deus nem sempre nos livra de todas as situações usando meios milagrosos. Às vezes Ele o faz, mas às vezes não.

Às vezes, temos de avançar. Às vezes, temos de nos levantar, seguir em frente e simplesmente continuar avançando.

3

SEJA ALGUÉM QUE FAZ, NÃO APENAS ALGUÉM QUE OUVE

> *Não cesse de falar deste Livro da Lei; antes, medite nele dia e noite, para que possas observar e agir de acordo com tudo o que está escrito nele. Porque então você tornará próspero o seu caminho, agirá com sabedoria e será bem sucedido.*
>
> Josué 1:8

Esse versículo é apenas um entre vários que eu gostaria que considerássemos neste capítulo, e todos eles falam sobre *agir*.

Nesse versículo, provavelmente a palavra mais importante é *agir*. Por que damos grande importância a meditar (pensar) na Palavra de Deus? Para que depois possamos colocá-la em prática. *Porque então*, diz o versículo, nós tornaremos próspero o nosso caminho; *porque então*, agiremos com sabedoria; *porque então* seremos bem sucedidos.

Quando é *então*? Depois que tivermos feito o que a Palavra de Deus nos diz para fazer.

Não fazer nada nos impede de ter a vida abençoada que Deus planejou para nós.

Uma coisa que a Palavra nos diz claramente é que não podemos esperar ter prosperidade se não dermos o dízimo, porque se nos recusamos a pagar nosso dízimo, estamos roubando a Deus.[1] Não importa o que pensamos sobre o dízimo. Não importa se queremos ou não queremos dizimar. Não importa se temos vontade ou não de dar o dízimo. Isso é o que Deus disse que devemos fazer se quisermos ser abençoados.

Não fazer nada nos impede de ter a vida abençoada que Deus planejou para nós. Em Malaquias 3:10-11, Ele nos diz na essência: "Se vocês trouxerem todos os dízimos e ofertas à casa do tesouro (aos lugares nos quais vocês estão sendo alimentados), Eu repreenderei o devorador por amor a vocês".

Estamos nos contentando com menos quando tentamos racionalizar e nos isentar de dar o dízimo ou de fazer qualquer outra coisa que Deus nos pede para fazer, ou quando dizemos que acreditamos, mas não fazemos aquilo que é requerido de nós.

CREIA E AJA

Este povo se aproxima de mim com a boca, e me honra com os lábios, mas o seu coração me repele e está longe de mim.

MATEUS 15:8

É interessante quantas pessoas dizem que acreditam em alguma coisa, mas na verdade a crença delas não é de fato fé, apenas uma racionalização.

Elas dizem: "Creio em dar o dízimo". Mas elas não acreditam realmente, porque se acreditassem, elas seriam dizimistas.

Se não fazemos, então não cremos.

Sei que há situações nas quais uma pessoa pode estar casada com alguém que não lhe permite dizimar. Não estou falando sobre isso. Deus conhece nosso coração, e Ele sabe o que podemos e o que não podemos fazer. Mas se levarmos a sério o dízimo, ainda que estejamos casados com alguém que diga: "Você não vai dar o dízimo do meu salário", encontraremos alguma forma de dizimar. Podemos crer que Deus nos dará uma semente. Mas se fizermos isso, quando Deus colocar a semente em nossas mãos, temos de ter certeza de que a usaremos para esse fim específico.

Muitas vezes dizemos: "Senhor, se tivesse 100 reais, eu o daria a Ti". Então Deus nos dá esse dinheiro, mas nós saímos e compramos uma roupa nova com ele. O que precisamos fazer é usar esse dinheiro como uma semente. Então Deus poderá nos dar dez vezes mais em troca.

"Como Ele fará isso?"

Não sei. Os princípios do Reino de Deus não fazem sentido algum se os analisarmos a partir dos princípios do sistema deste mundo. Mas Deus pode nos abençoar das mais diversas maneiras.

A Diferença Está na Ação

O que vocês acham? Havia um homem que tinha dois filhos. Chegando-se ao primeiro, disse: "Filho, vá trabalhar hoje na vinha". E ele respondeu: "Não vou"; mas depois, ele mudou de ideia e foi. Então o homem dirigiu-se ao segundo filho e disse a mesma coisa. E ele respondeu:

"Irei"; mas não foi. Qual dos dois fez a vontade do pai? Disseram: O primeiro...

MATEUS 21:28-31

Lembro-me de uma mulher que assistiu a uma de minhas conferências. Era um banquete, e as pessoas que participaram estavam sentadas juntas às mesas jantando.

Essa mulher estava sentada com um grupo de senhoras. No fim da conferência, ela me procurou e disse: "Sabe, realmente aprendi uma lição neste fim de semana".

Eu perguntei: "Qual foi?"

Ela disse: "Enquanto eu ouvia aquelas senhoras falarem sobre seus problemas e suas vitórias, sobre o que Deus fez por elas, de onde elas vieram e onde estão agora, percebi que muitas delas passaram pelas mesmas coisas que eu passei, que foi o abuso na infância".

Então ela disse: "Cada coisa que Deus disse àquelas senhoras, Ele me disse ao longo dos anos. Tudo o que Ele disse a elas para fazer, Ele me disse para fazer também. A única diferença é que elas fizeram e eu não".

A mulher recebeu uma grande revelação naquele dia. Ela entendeu que não era diferente de ninguém, que seus problemas não eram piores do que os de muitas outras pessoas. O que ela precisava fazer era começar a agir de acordo com o que Deus lhe disse para fazer. Se tivesse agido assim, ela teria recebido as mesmas vitórias que as outras pessoas obedientes experimentaram.

O diabo tenta nos convencer de que somos diferentes de todo mundo, para que continuemos perguntando: "Por que todo mundo está recebendo vitórias, e eu não?"

O fato é que Deus liberta as pessoas em momentos distintos — pode ser logo, ou pode levar algum tempo. Precisamos deixar isso nas mãos de Deus, porque o tempo e as nossas vidas estão em Suas mãos.[2] Mas também é possível que Deus nos tenha dito a mesma coisa que disse àqueles que tiveram vitória. A diferença pode ser simplesmente o fato de que eles fizeram o que Deus disse, e nós não.

Ficamos muito empolgados quando Deus fala conosco sobre recebermos a bênção, mas a nossa carne não fica muito animada quando se trata de fazer nossa parte para recebê-la.

De um jeito ou de outro, teremos de fazer algo. Tudo o que Deus está nos pedindo para fazer é o que Ele diz, e não o que queremos ou temos vontade de fazer.

Faça as obras de Deus, e não as obras da carne. Ações que nascem da carne nos impedirão de viver nas Suas bênçãos.

A Bênção Vem Após a Ação

Se vocês sabem estas coisas, bem-aventurados e felizes e dignos de ser invejados são vocês se as praticarem [se agirem de acordo com elas e realmente as fizerem].

João 13:17

Que mistério profundo o fato de Cristo ter vindo como servo para nós, no entanto acharmos difícil servir aos outros! Nesse versículo, Jesus nos dá um exemplo tremendo de como devemos servir uns aos outros, se necessário, de maneiras subalternas.

No versículo 14, vemos como Jesus dá aos Seus discípulos esse exemplo lavando os pés deles e depois dizendo-lhes: *"Se Eu, o seu Senhor e Mestre, lavei os seus pés, vocês devem [isto é seu dever, sua obrigação] lavar os pés uns dos outros".*

Jesus não estava falando apenas sobre lavar os pés literalmente. Na verdade, Ele estava dizendo aos discípulos e a nós: "Ajudem-se uns aos outros. Cuidem uns dos outros. Façam coisas uns pelos outros. Supram as necessidades uns dos outros".

Lembre-se de que Jesus disse no versículo 17: *"Se vocês sabem estas coisas, bem-aventurados e felizes e dignos de ser invejados são vocês se as praticarem [se agirem de acordo com elas e realmente as fizerem]".*

Você e eu não seremos abençoados porque sabemos que devemos fazer boas coisas pelas outras pessoas. Não seremos abençoados porque sabemos que devemos ter uma atitude de servos. Seremos abençoados porque *fazemos* o que Jesus fez.

Atingir o objetivo de servir aos outros significa viver da maneira que Jesus viveria — e com a ajuda de Deus, podemos atingir esse objetivo. Mas isso requer tempo e esforço.

Quanto mais moldarmos nossa maneira de viver aos caminhos de Jesus, mais Suas bênçãos encherão nossas vidas.

Formas de Servir

Porque Eu lhes dei isto como um exemplo, para que vocês façam [por sua vez] o que eu lhes fiz. Em verdade Eu lhes digo, o servo não é maior que o seu senhor, e ninguém que é enviado é superior àquele que o enviou.

João 13:15-16

Todos nós servimos de formas diferentes. Eu sirvo às pessoas levando a elas a Palavra de Deus, me preparando, estudando e vivendo a minha vida de tal maneira que elas possam me respeitar. Minha filha Sandra serve de outra maneira. Por exemplo, se eu preciso de um copo d'água enquanto estou pregando, é ela que se levanta para pegar um para mim. Ela tem o ministério de ser uma ajudadora.

A questão é que, muitas vezes, as pessoas estão dispostas a fazer na igreja por algum pregador ou por alguém a quem admiram o que não querem fazer em casa.

Sei que em qualquer das minhas reuniões eu poderia dizer: "Ah, meu copo está vazio; irmão ou irmã da terceira fila, você poderia pegar um pouco de água para mim?" e essa pessoa simplesmente acharia isso o máximo: *Oh, Joyce me pediu para pegar água para ela!*

Mas talvez essa mesma pessoa fosse depois para casa, e se seu cônjuge dissesse: "Querida (ou querido), você poderia pegar um copo d'água para mim?", ela talvez respondesse: "Vá buscar sua própria água. Você acha que sou sua escrava?"

Essa não é a atitude que Deus quer que tenhamos.

UMA ATITUDE DE SERVO

> *... Jesus, sabendo (estando plenamente ciente de) que o Pai havia colocado tudo em Suas mãos, e que Ele havia vindo de Deus e (agora) estava voltando para Deus, levantou-se da ceia, tirou todas as suas vestes de cima, e pegando a toalha [de um servo], cingiu-se com ela. Então Ele derramou água na bacia e começou a lavar os pés dos discípulos e a secá-los com a toalha [do servo] com a qual estava cingido.*

> JOÃO 13:3-5

Imagine a cena: Jesus Cristo, o Filho de Deus, o Senhor da glória, tirou Suas vestes, tomou a toalha de

SEJA ALGUÉM QUE FAZ, NÃO APENAS ALGUÉM QUE OUVE

um servo, ajoelhou-se e lavou pés. Você sabe por que Ele fez isso? Porque ninguém mais estava se mexendo para fazê-lo.

Mais cedo, antes desse momento, os discípulos estavam discutindo sobre qual deles seria o maior.[3] Alguém tinha de lavar os pés deles antes de poderem comer; esse era um costume judaico. Então Jesus, dando o exemplo, sabendo o que estava no coração deles, sabendo Quem Ele era e de onde Ele havia vindo, tomou sobre Si a tarefa de ser servo de todos eles.

Você e eu não podemos ser servos se não soubermos quem somos em Cristo.[4] Estaremos sempre tentando provar alguma coisa. Não seremos capazes de fazer nada como o que Jesus fez pelos discípulos porque teremos sempre de fazer algo grande; do contrário, não nos sentiremos importantes.

Jesus se levantou, cingiu-se com uma tolha de servo e lavou os pés dos discípulos. Ele fez isso como um exemplo, mostrando a eles como viver — servindo aos outros.[5] Em seguida, Jesus explicou a eles: "Se vocês fizerem o que me viram fazer, serão abençoados".[6]

> *Precisamos ser praticantes da Palavra e não apenas ouvintes.*

Precisamos ser praticantes da Palavra e não apenas ouvintes.

Você e eu temos várias oportunidades de praticar a Palavra; elas surgem o tempo todo no nosso dia a dia, mas nós as deixamos passar.

Talvez um amigo nos diga: "Você poderia me dar uma carona até a cidade?" Mas respondemos: "Terei que fazer um desvio de vinte minutos, e preciso muito ir para casa cedo".

Em situações como essa deveríamos entender que é bom para nós sair da nossa rota de vez em quando. Às vezes é bom nos esforçarmos um pouco para ajudar outra pessoa.

Alguém pode nos dizer: "Preciso me mudar essa semana, e não tenho uma camionete. Você poderia trazer a sua no sábado de manhã e me ajudar por algumas horas?"

Dizemos: "Bem, normalmente eu o faria, mas não separei tempo para isso no sábado, e tenho algumas coisas que preciso fazer".

> *É bom para nós sair da nossa*
> *rota de vez em quando.*

Ora, obviamente há vezes em que temos de dizer "não", porque realmente precisamos de tempo para nós mesmos. Não podemos passar todo o nosso tempo fazendo coisas para as outras pessoas. Mas certamente precisamos ter equilíbrio ao fazer a nossa parte. Como uma pessoa "em Cristo", nossos atos devem demonstrar amor, e não egoísmo e egocentrismo.

Descobri por experiência própria que a minha alegria aumenta à medida que meu egoísmo diminui.

CONSTRUA SUA CASA SOBRE A ROCHA

> *De modo que todo aquele que ouve estas minhas palavras e as pratica [obedecendo-as] será como um homem sensato (prudente, prático, sábio) que construiu a sua casa sobre a rocha. E a chuva caiu e as inundações vieram, e os ventos deram contra aquela casa; mas ela não caiu, porque havia sido edificada sobre a rocha.*
>
> MATEUS 7:24-25

Nossa casa não é construída sobre a rocha simplesmente porque ouvimos a Palavra. A nossa casa é construída sobre a rocha quando *praticamos* a Palavra.

> *E todo aquele que ouve estas minhas palavras e não as pratica será como um homem insensato (tolo) que construiu a sua casa sobre a areia. E caiu a chuva, e vieram as inundações, e os ventos sopraram e deram contra aquela casa, e ela caiu — e grande e completa foi a sua queda.*

> MATEUS 7:26-27

Sabe o que fazemos às vezes? Quando nos metemos em uma grande confusão, começamos a fazer o que é certo. Assim que as coisas melhoram, voltamos a agir como antes. Então entramos em outra grande confusão e começamos a fazer promessas a Deus.

"Oh, Senhor, prometo que vou orar mais. Vou estudar mais a palavra, vou ofertar mais, vou tratar as pessoas melhor!"

Então Deus nos livra do caos, e logo voltamos a fazer as coisas da maneira que fazíamos.

Os israelitas seguiram esse mesmo padrão vez após vez, repetidamente. Eles se voltavam para o Senhor e eram obedientes a Ele quando as coisas estavam mal, mas assim que melhoravam, eles voltavam a agir como antes e se esqueciam dele e da Sua Palavra. Então, quando as coisas que estavam fazendo não saíam como esperado, eles se perguntavam: *O que há de errado?* Às vezes, nós também fazemos essa mesma pergunta!

O Que Funciona e o Que Não Funciona

Então todas aquelas virgens se levantaram e colocaram suas lamparinas em ordem.

E as tolas disseram às sábias: "Deem-nos um pouco do seu óleo, porque as nossas lamparinas estão se apagando".

Mas as sábias responderam: "Não haverá suficiente para nós e para vocês; vão antes aos que o vendem e comprem óleo para vocês".

MATEUS 25:7-9

Olhe a vida de um cristão verdadeiramente comprometido e dedicado, e depois olhe a vida de alguém que não perde a oportunidade de dar uma desculpa — uma pessoa que murmura, reclama, resmunga, alguém que sente pena de si mesmo. Compare o fruto em suas vidas, e não demorará muito até que você perceba o que funciona ou não.

É como a diferença entre as cinco virgens tolas e as cinco virgens sábias. As cinco virgens tolas não quiseram levar óleo reserva para suas lamparinas. Quando chegou a hora de dar as boas-vindas ao noivo, suas lamparinas estavam sem óleo. Então elas quiseram pedir um pouco de óleo emprestado para as virgens sábias, que haviam caminhado a segunda milha e se certificado de levar uma quantidade suficiente de óleo.

Pessoas que nunca querem fazer nada "extra" me irritam. Às vezes elas me irritam profundamente, porque, quando surge uma situação grave, elas querem o óleo sobressalente pelo qual trabalhei duro, e que obedeci a Deus para conseguir.

Há um tempo para fazermos o que as pessoas nos pedem, e também há um tempo para dizer: "Sinto muito, você terá de buscar seu próprio óleo".

Nem sempre temos de ajudar as pessoas fazendo tudo para elas. Esse tipo de comportamento pode, na verdade, contribuir para piorar os problemas delas, porque as incentiva a nunca assumirem a responsabilidade por conta própria. Quando realmente se ama alguém, é muito difícil não suprir todas as necessidades dessa pessoa, mas se ela não estiver fazendo sua parte, mais cedo ou mais tarde essa atitude aparentemente dura irá ajudá-la.

PRATIQUE A PALAVRA

Mas sejam praticantes da Palavra [obedeçam à mensagem], e não meramente ouvintes dela, traindo a si mesmos [ao engano por raciocinarem de forma contrária à Verdade]. Porque se alguém somente ouve a Palavra sem obedecê-la e praticá-la, ele é como um homem que olha atentamente para o seu [próprio] rosto natural em um espelho. Pois ele se observa com ponderação, e depois sai e imediatamente se esquece de como era a sua aparência.

TIAGO 1:22-24

Você e eu somos capazes de nos olhar no espelho e, cinco minutos depois, não nos lembrarmos mais do que estávamos vestindo se não olharmos novamente.

Bem, a Palavra de Deus é como um espelho. Olhamos para ela e vemos o que devemos fazer. Mas não importa quantas pregações cristãs ouçamos, de quantas conferências cristãs participemos ou quantas anotações façamos nessas conferências; se sair-mos e nos esquecermos do que ouvimos e vimos, de que isso realmente nos adianta?

Ah, podemos sentir orgulho de nós mesmos porque temos um conhecimento intelectual. Talvez tenhamos ouvido alguns dos versículos bíblicos com tanta frequência que podemos até citá-los de cor. Mas o que estamos fazendo?

Juntamente com o conhecimento vem a responsabilidade.

Como tratamos as outras pessoas? Estamos *fazendo* algo para tornar a vida de alguém melhor? Como é a nossa vida de oração? Que nível de paz temos em nossas vidas? Somos *praticantes* da Palavra ou apenas *ouvintes*?

Não se esqueça de juntamente com o conhecimento vem a responsabilidade.

A RESPONSABILIDADE PELO CONHECIMENTO

Portanto, qualquer pessoa que sabe o que é certo fazer, mas não o faz, para ela isto é pecado.

TIAGO 4:17

Será que entendemos que todas as vezes que lemos a Bíblia, assumimos mais responsabilidades? Todas as vezes que participamos de uma conferência de ensino bíblico, assumimos mais responsabilidades. Todas as vezes que ligamos um canal de televisão ou um programa de rádio cristão, assumimos mais responsabilidades. Por quê? Porque estamos sendo instruídos, e nos tornamos responsáveis diante de Deus pelo que sabemos.

Como o conhecimento de que nos foi dado poder e autoridade para pisar sobre o inimigo e todos os seus demônios,[7] e de que devemos resistir ao diabo e ele fugirá de nós,[8] nos tornamos responsáveis perante Deus por manter o diabo debaixo dos nossos pés.

Mas como fazer isso?

Na Parte 2 deste livro, você descobrirá que Satanás pode ter um plano para nos destruir, mas Deus já tem um plano para nos libertar e nos dar vitória.

Se você se dedicar, com a ajuda de Deus, a fazer diligentemente as coisas que constam da Parte 2 deste livro, começará a desfrutar vitórias cada vez maiores em lugar de ser sempre a vítima.

PARTE 2

OITO MANEIRAS DE MANTER O DIABO DEBAIXO DOS SEUS PÉS

Introdução

Finalmente, meus irmãos, sejam fortes no Senhor e na força do Seu poder.

Revistam-se de toda a armadura de Deus, para que possam estar firmes contra as seduções do diabo.

Porque não lutamos contra carne e sangue, mas contra principados, contra poderes, contra os governantes das trevas desta era, contra as hostes espirituais da maldade nos lugares celestiais.

Portanto, tomem toda a armadura de Deus, para que possam resistir no dia mau, e tendo feito tudo, permanecer de pé.

EFÉSIOS 6:10-13

Na segunda parte deste livro, quero compartilhar com você diversas maneiras de manter Satanás debaixo dos seus pés. Creio que não há esperanças de derrotá-lo sem uma revelação com relação a esse assunto.

Talvez você esteja passando por um ataque contra sua mente, sua saúde, suas finanças, sua família, ou contra alguma outra área de sua vida. Como você pode lutar contra o diabo, que é a fonte desses ataques? Como pode vencer as maquinações dele, fazer valer sua derrota, e ainda mantê-lo debaixo dos seus pés?

O louvor é uma maneira de fazer isso. As outras maneiras incluem confrontar Satanás usando a Palavra de Deus quando ele lhe diz algo em sua mente, e também andar em amor em vez de levar um estilo de vida egoísta.

Ao todo analisaremos oito maneiras de manter o diabo debaixo dos seus pés. Embora possa haver mais de oito maneiras, independentemente de quantas sejam, o que as identifica é o fato de que elas não são obras da carne. São coisas que precisamos fazer, com a ajuda de Deus, para derrotar o inimigo e vencer a batalha contra ele na esfera espiritual.

Lembre-se de que antes de se tornar alguém capaz de manter o diabo debaixo dos seus pés, você precisa conhecer a verdade sobre como fazer isso. A verdade o libertará[1] e manterá o diabo debaixo dos seus pés, que é o lugar dele.

INTRODUÇÃO

É por essa razão que Satanás não quer que você conheça essas verdades. A arma secreta dele é o engano — a principal arma usada por ele para combater furiosamente o bom plano de Deus em sua vida. Mas quando você tem essas verdades no seu coração e Deus ao seu lado, Satanás não tem chances de vencê-lo.

4
PERMANEÇA EM PAZ NA TEMPESTADE

Maneira N.º 1

> *Portanto fiquem firmes, cingindo a sua cintura com a verdade, tendo se revestido com a couraça da justiça, e tendo calçado os seus pés com a preparação do evangelho da paz.*
>
> Efésios 6:14-15

Como já vimos, Efésios capítulo 6 diz que não guerreamos contra carne e sangue, mas contra principados e poderes, contra a maldade nos lugares celestiais. Essa passagem fala sobre as diversas peças da armadura com a qual devemos nos revestir e que devemos usar a fim de permanecer firmes contra o inimigo, cujo objetivo é nos destruir. Vamos dar uma olhada mais de perto em uma dessas peças da armadura — as sandálias da paz.

Ora, os pés estão relacionados ao caminhar. Colocamos sapatos para que nossos pés não se cortem, não se firam nem se machuquem.

Há uma analogia nessa passagem. O apóstolo Paulo está tentando nos dizer: "Se vocês quiserem passar por esta vida sem que o diabo acabe com vocês, precisam andar em paz".

Talvez você diga: "Eu gostaria de ter um pouco de paz".

Se você quer ter paz em sua vida, precisa ser um pacificador e um mantenedor da paz. Você não pode simplesmente esperar que a paz caia do céu, mas precisa ir atrás dela.

BUSQUE A PAZ

Afaste-se do mal e pratique o bem; procure a paz, pergunte por ela, anseie por ela e busque-a (corra atrás dela)!

SALMOS 34:14

Esse Salmo nos instrui a buscarmos a paz, a perguntarmos e ansiarmos por ela, bem como irmos atrás dela. Se deseja realmente a paz, você terá de fazer as mudanças necessárias em sua vida para obtê-la.

Talvez você se sinta frustrado e estressado o tempo todo. Nesse caso, talvez você precise cortar algumas coisas de sua vida.

"Mas eu quero fazer todas essas coisas".

> *Se você quer ter paz em sua vida, não ultrapasse seus limites.*

Então o resultado será frustração e estresse. Você faz a sua agenda, e é o único que pode mudá-la.

Se você quer ter paz em sua vida, *não ultrapasse seus limites*.

Ninguém disse que você precisa fazer tudo o que está fazendo. Comece a olhar para sua vida, a descobrir quais são as coisas que não dão nenhum fruto e comece a podá-las, assim como faria com os galhos mortos de uma árvore.

É muito importante não assumir mais compromisso do que você pode dar conta.

"Mas meus filhos precisam ir para o treino de futebol na segunda-feira à noite e para o treino de basquete na terça-feira à noite e para o treino da banda na quarta-feira à noite."

Não, seus filhos não precisam fazer tudo o que querem fazer. Eles precisam fazer alguma coisa, porque é bom para eles estarem envolvidos em algumas atividades. Mas você não pode permitir que a agenda deles controle toda a sua família.

Eu não fazia nada além de frequentar a escola quando era criança, e sobrevivi. Eu tinha apenas um tempo determinado para chegar em casa depois da escola, e era isso, nada mais. Não participava de quase nenhuma atividade escolar e tinha muito pouco contato com qualquer pessoa fora da escola. Mas hoje Deus está me usando para tocar as vidas de milhões de pessoas em todo o mundo através deste ministério.

Minha filha Sandra estava em uma equipe de natação cujos encontros eram em nossa vizinhança, de modo que eu não precisava levá-la; ela mesma caminhava até lá. Ela também participou de uma equipe de softbol por algum tempo. Além de frequentar as aulas todos os dias, esse era o único envolvimento dela com a escola, e ela sobreviveu. Na verdade, hoje ela faz parte deste ministério e ministra para centenas de pessoas todos os anos.

Mais uma vez, não estou dizendo que você precisa ser exatamente como nossa família. Mas quero que entenda o fato de que tentar garantir que seus filhos sejam os mais populares da escola pode ser ruim, tanto para você quanto para eles. Às vezes, isso apenas cria problemas para eles. Deixe seus filhos participarem de algumas atividades. Mas saiba que não há problema se você tiver de dizer a eles: "Vocês podem fazer isto, mas não aquilo". Eles podem não gostar, mas vão superar. Aqueles que se entristecem se alegram novamente.

Precisamos seguir a direção de Deus quanto aquilo em que nós — e nossos filhos — devemos nos envolver e onde devemos colocar nossa energia. Precisamos aprender a dizer "sim" quando Deus disser "sim" e "não" quando Ele disser "não". Quando somos obedientes à Sua direção, temos a capacidade para realizar o que Ele nos diz para fazer e desfrutar uma vida de paz.

ADAPTE-SE AOS OUTROS

Vivam em harmonia uns com os outros; não sejam arrogantes (esnobes, altivos, soberbos), mas adaptem-se prontamente [às pessoas e coisas] e dediquem-se a tarefas humildes. Nunca se superestimem nem sejam sábios aos seus próprios olhos. Não paguem o mal com o mal, mas reflitam no que é honesto, próprio e nobre [visando ser irrepreensível] aos olhos de todos. Se possível, no que depender de vocês, vivam em paz com todos.

ROMANOS 12:16-18

Faça tudo o que for preciso para ter paz em sua vida. Se isso significa se calar de vez em quando e parar de discutir com alguém sobre alguma coisa, então faça isso. Às vezes é melhor simplesmente se afastar e deixar que todos se acalmem.

A Bíblia não diz que todos vão se adaptar a você; ela diz que você deve se adaptar a eles.

Romanos 16:20 nos diz que o Deus de toda paz em breve esmagará a Satanás debaixo dos nossos pés. Não creio que você possa manter Satanás debaixo dos seus pés se não aprender a andar em paz.

PERMANEÇA CONSTANTE E EM PAZ

E não se assustem [nem por um instante] nem se intimidem em nada pelos seus oponentes

e adversários, porque essa [constância e deste-
mor] será um sinal (prova e selo) claro para eles
da [sua iminente] destruição, mas [um símbolo
e evidência certos] da sua libertação e salvação,
e isto da parte de Deus.

FILIPENSES 1:28

Essa passagem da Bíblia lhe diz o que fazer quando você está sendo atacado pelo diabo. Você deve permanecer constante e destemido. A pior coisa que pode fazer é ficar furioso e irritado. Satanás é especialista em roubar nossa alegria, e o que ele quer é exatamente que você fique furioso e irritado, pois isso acabará lhe tornando fraco e débil, dando a ele a chance de dominar você.

Quando o inimigo começar a importuná-lo, você pode tirar seu foco do que Deus quer que você faça e se concentrar no problema instigado pelo diabo, ou pode permanecer firme e em paz, confiando que Deus cuidará da situação.

DEIXE DEUS CUIDAR DA SITUAÇÃO

Ora, quando eles haviam deixado a multidão,
levaram-no no barco assim como estava. E ou-

tros pequenos barcos também estavam com Ele. E levantou-se um grande temporal de vento, e as ondas batiam no barco, de modo que ele já estava se enchendo. Mas Ele estava na popa, dormindo sobre um travesseiro. E eles O despertaram e lhe disseram: "Mestre, não Te importa por estarmos perecendo?" Então Ele se levantou e repreendeu o vento e disse ao mar: "Paz, acalma-te!" E o vento cessou e houve grande calmaria. Mas Ele lhes disse: "Por que vocês são tão medrosos? Como é que não têm nenhuma fé?"

Marcos 4:36-40

Nessa passagem, Jesus repreendeu os discípulos porque eles não permaneceram em paz na tempestade.

Eles estavam preocupados e angustiados, mas Jesus estava dormindo tranquilamente na popa do barco. Eles foram até Ele, despertaram-no e clamaram: "Jesus! Há uma terrível tempestade caindo! O que vais fazer?"

Jesus despertou e rapidamente resolveu a situação. Então Ele se voltou para os discípulos que estavam aterrorizados e lhes disse: "Por que vocês são tão medrosos?" Em outras palavras, "Não há nada a temer, EU SOU[1] está com vocês".

Jesus está sempre conosco em todas as situações. *O crente que tem a paz de Deus através de Seu Filho Jesus pode ter paz em meio às tempestades da vida.*

Em todos esses momentos, você não precisa saber o que o Senhor vai fazer ou quando vai fazê-lo. Só precisa saber que se Ele está com você na tempestade — e Ele está — Ele cuidará de tudo.

A questão principal é: você nunca terá vantagem sobre o diabo se não aprender a se manter em paz.

MANTENHA A SUA PAZ E PERMANEÇA NO DESCANSO

O Senhor endureceu o coração de Faraó, rei do Egito, e ele perseguiu os israelitas, pois [eles] partiram orgulhosamente e desafiadoramente.

Os egípcios os perseguiram, todos os cavalos de Faraó, seus cavaleiros e seu exército, e os alcançaram acampados junto ao Mar [Vermelho]... Quando Faraó se aproximou, os israelitas olharam para o alto, e eis que os egípcios estavam marchando após eles e os israelitas ficaram extremamente amedrontados e clamaram ao Senhor.

E eles disseram a Moisés: "É por não haver túmulos no Egito que você nos tirou de lá, para

morrermos no deserto? Por que você nos tratou
desta maneira e nos tirou do Egito?"

ÊXODO 14:8-11

Sob o comando de Deus, Moisés conduziu os israelitas para fora do cativeiro no Egito. Então, quando os egípcios os perseguiram, de repente passou a ser culpa de Moisés o fato de que o inimigo estava no encalço deles.

Não somos exatamente assim? Passamos por uma situação difícil, e começamos a reclamar e a tentar encontrar um culpado pelo momento difícil que estamos vivendo, assim como os israelitas fizeram com Moisés.

Não lhe dissemos no Egito: Deixe-nos em paz;
deixe-nos servir aos egípcios? Porque teria sido
melhor para nós servirmos aos egípcios do que
morrer no deserto.

Moisés disse ao povo: "Não temam; aquie-
tem-se (fiquem firmes, confiantes, impávidos) e
vejam a salvação do Senhor que Ele operará em
seu favor hoje. Porque os egípcios que hoje vocês
viram, nunca mais os verão. O Senhor pelejará

por vocês, e vocês manterão a sua paz e permanecerão descansados".

ÊXODO 14:12-14

Às vezes temos a sensação de que Deus não luta por nós, é como se Ele não se levantasse contra o inimigo e o derrotasse por nós. Isso acontece porque não estamos mantendo a nossa paz e permanecendo no descanso. Deus quer nos ajudar, mas Ele quer fazer isso da maneira dele e não da nossa — porque a nossa maneira geralmente envolve ficar angustiados, o que gera preocupação, nervosismo, racionalização e ansiedade.

Quando o inimigo está vindo contra você,
a coisa mais poderosa que você pode fazer é
recusar-se a deixar que isso o angustie.

Quando o inimigo está vindo contra você, a coisa mais poderosa que você pode fazer é recusar-se a deixar que isso o angustie.

Uma vez, durante uma série de conferências que eu estava realizando, minha filha Sandra veio me dizer que um homem estava do lado de fora do prédio dizendo às pessoas para não entrarem. Ele estava distribuindo folhetos e dizendo às pessoas: "Não ouçam o que ela diz; ela não deveria estar fazendo o que faz".

Quando Sandra me contou o que estava acontecendo, a princípio fiquei preocupada e tive vontade de fazer alguma coisa a respeito.

Depois pensei: *Não, não vou me envolver nisso.*

Minha mente estava dizendo: *E se as pessoas ficarem assustadas e não entrarem?*

Mas ninguém que me conheça e que me ouviu pela televisão vai deixar que uma pessoa do lado de fora do prédio fazendo comentários negativos a meu respeito o impeça de entrar para me ouvir.

Seguimos em frente com a nossa conferência, e o lugar estava lotado. O poder de Deus podia ser sentido fortemente no culto. Deus ministrou às pessoas operando através de mim para suprir as necessidades delas.[2] Decidir confiar em Deus e não perder minha paz diante daquela situação resultou em muitas pessoas sendo abençoadas por Ele naquele momento.

SENTAR-SE É DESCANSAR

Mas Deus, sendo rico em misericórdia, por causa do Seu grande amor com que Ele nos amou, mesmo quando estávamos mortos nas nossas transgressões, nos deu vida juntamente com Cristo (pela graça vocês foram salvos), e nos ressuscitou com Ele, e nos assentou com Ele nos lugares celestiais, em Cristo Jesus.

EFÉSIOS 2:4-6

Essa passagem diz que estamos sentados nos lugares celestiais com Cristo Jesus.

Um dia, estava lendo essa passagem, e o Espírito Santo me fez parar e refletir acerca dela. Simplesmente tive a sensação de ter deixado algo passar batido, então voltei e li-a novamente. *Deus... nos assentou com Ele nos lugares celestiais, em Cristo Jesus.* Ainda não havia conseguido entender. Então voltei e li mais uma vez: *Deus... nos assentou com Ele...* Finalmente entendi: estamos sentados. Estamos *sentados*.

Então comecei a pensar em como Jesus é retratado na Bíblia depois da Sua ressurreição e ascensão. Como nessa passagem, Ele geralmente é retratado como estando sentado à direita do Pai.[3]

Você sabe o que as pessoas fazem quando elas se sentam? Elas descansam.

Estar sentado com Jesus nos lugares celestiais é entrar em um "descanso interior".

De acordo com a Bíblia Jesus está descansando. Ele está esperando que Seus inimigos sejam colocados como um estrado para os Seus pés.[4]

Descansamos enquanto esperamos em Deus. Isaías 40:31 nos ensina que esperar em Deus é ter expectativa nele, procurar por Ele e ter esperança nele. É passar tempo com Ele na Sua Palavra e na Sua Presença. Não nos preocupamos enquanto esperamos em Deus. Não ficamos frustrados enquanto esperamos em Deus. Não ficamos angustiados enquanto esperamos em Deus. Nós descansamos.

Às vezes, quando começa a ficar nervoso e angustiado, ansioso ou preocupado, você só precisa dizer a si mesmo: "Sente-se". Não estou falando apenas do seu corpo físico; mas também da sua alma — de sua mente, de sua vontade e de suas emoções. É importante deixar que todo o nosso ser descanse.

No período da Velha Aliança, quando o sumo sacerdote entrava no Santo dos Santos para fazer sacrifícios de sangue pelos pecados do povo, ele não se sentava. É muito improvável que houvesse uma cadeira no tabernáculo porque a Bíblia não menciona nada a respeito.[5] Os requisitos eram tão restritos que ele fazia o que tinha de fazer e saía. Ele não podia descansar na Presença de Deus.

Disseram-me que o sumo sacerdote usava sinetes em suas vestes[6] e que ele tinha uma corda amarrada à sua cintura. Se os sinetes parassem de tocar, as pessoas que estavam do lado de fora do Santo dos Santos sabiam que ele havia feito algo errado e havia morrido, então o puxavam para fora.

Há uma tremenda lição nesse relato histórico. Isso simboliza o fato de que as pessoas não podiam descansar na Presença de Deus enquanto estavam debaixo da Velha Aliança. A Velha Aliança tinha muitas leis e era baseada em obras. Mas, graças a Deus, a Nova Aliança se baseia na obra que Jesus realizou, e não nos nossos próprios méritos ou obras.

Jesus, nosso Sumo Sacerdote, entrou no Santo dos Santos com Seu próprio sangue, e o colocou sobre o trono de misericórdia no céu e sentou-se. Agora, a expiação pelos pecados do mundo está consumada.[7]

Se você leu o último livro da Bíblia, sabe quem vence a guerra. Assim, se está passando por dificuldades, sente-se e descanse. A paz de Deus não é prometida àqueles que trabalham e se esforçam na sua própria força, mas àqueles que se sentam e descansam em Cristo Jesus — e permanecem no seu assento espiritual, em vez de se sobressaltarem a toda hora saindo do descanso.

Deus Trabalha Enquanto Você Descansa

Porque Aquele que entrou uma vez no descanso [de Deus] também descansou [do cansaço e da dor] das obras humanas, assim como o próprio Deus descansou dessas obras. Portanto sejamos zelosos e esforcemo-nos diligentemente para entrar nesse descanso...

Hebreus 4:10-11

Observe o versículo 11 novamente: *"Portanto sejamos zelosos e esforcemo-nos diligentemente para entrar nesse descanso..."* Em outras palavras, nossa função não é transformar nossos maridos, nossas esposas, nossos filhos; não é transformar as circunstâncias ao nosso redor ou edificar nossos ministérios. Nossa função é entrar no descanso de Deus e crer que enquanto estamos descansando, Deus está trabalhando.

Deixo-lhes a paz. A Minha [própria] paz agora dou e passo em testamento a vocês. Eu a dou, não como o mundo a dá. Não deixem que o seu coração se perturbe nem tenham medo. [Parem de se permitir ficarem temerosos e intimidados, acovardados e inquietos.]

JOÃO 14:27

Hoje, quando enfrento algo perturbador, assustador ou preocupante, mantenho a minha paz, e Deus cuida da situação. Mas levei muitos anos para aprender a fazer isso.

Parte da minha herança na Terra Prometida das promessas de Deus era ter o tipo de paz que tenho agora. Mas eu nunca a tinha, porque não havia aprendido a expulsar o diabo da minha vida ao recusar-me a permitir que ele me irritasse.

A intenção do diabo é nos deixar angustiados. É por isso que Jesus nos deixou Sua paz como nossa herança e nos disse: "Parem de se permitir ficarem angustiados e perturbados".

Em parte é responsabilidade nossa o fato de o inimigo conseguir nos angustiar. Se você sabe alguma coisa sobre Satanás, sabe que ele não tem poder algum. A Bíblia diz em 1 Pedro 5:8: "*... o diabo, o inimigo de vocês, anda ao redor como leão, rugindo e procurando a quem possa devorar*". Observe que esse versículo diz, na versão NVI, *a quem possa devorar* e não *a quem irá devorar*. O único poder que Satanás tem é o poder que nós damos a ele.

Fazer tudo o que puder para nos deixar angustiados é uma das táticas favoritas do diabo. Se ele conseguir nos controlar fazendo com que fiquemos angustiados por causa das circunstâncias que nos cercam, então ele nos terá sob seu controle o tempo todo. Mas nós não temos de ceder a ele. A paz em meio à tribulação é a nossa herança, mas muitos cristãos nunca usam esse grande benefício, muito embora ele nos pertença.

Lembre-se disto: quando você for atacado, permaneça em paz. Ao ter esse tipo de atitude, você estará dizendo ao diabo que ele está derrotado. E ele não saberá o que fazer com você se não conseguir deixá-lo angustiado.

5
PASSE TEMPO COM DEUS

Maneira N.º 2

> ...que todo aquele que é piedoso ore — ore a Ti em um tempo no qual possas ser encontrado; certamente quando as grandes águas [da provação] transbordarem, elas não o atingirão [o espírito dentro dele].
>
> SALMOS 32:6

A primeira coisa que você precisa fazer para manter Satanás debaixo dos seus pés é permanecer em paz em meio à tempestade. A segunda coisa é passar tempo com Deus.

"Mas, Joyce, eu simplesmente não tenho tempo!" Você tem a mesma quantidade de tempo que qualquer outra pessoa tem. Todos nós recebemos uma quantidade de tempo igual — vinte e quatro horas por dia, nem mais nem menos — e todos nós as gastamos com alguma coisa. Você pode gastá-las diante da televisão. Pode gastá-las discutindo. Pode gastá-las cortando a grama. Ou você pode gastá-las com Deus.

"Não tenho tempo" é uma desculpa. Sei disso porque a usei por muito tempo quando o assunto era fazer exercício físico. Meu marido, Dave, concorda com essa afirmação porque ele tem se exercitado por todos os dias durante a maior parte de sua vida.

Pessoas que querem muito algo pagam o preço necessário para consegui-lo.

Dave encontra um tempo para fazer exercícios porque isso é importante para ele. Durante anos eu disse "Não tenho tempo", quando a verdade era: eu não gostava de me exercitar e não queria fazê-lo.

Pessoas que querem muito algo pagam o preço necessário para consegui-lo.

Vamos ser sinceros: quando realmente queremos fazer alguma coisa, criamos tempo para ela. Alguns de nós assistem à televisão durante mais horas por semana do que passam com Deus. Como eu disse, encontramos tempo para fazer o que queremos.

É simples: você não vai manter Satanás debaixo dos seus pés se não passar tempo com Deus. Por quê? Porque você é protegido pela Presença de Deus.

PROTEGIDO NA SUA PRESENÇA

Ó quão grande é a Tua bondade, que Tu reservas para aqueles que Te temem, Te reverenciam e Te adoram, bondade que Tu forjaste para aqueles que confiam e se refugiam em Ti perante os filhos dos homens! No lugar secreto da Tua presença Tu os ocultas dos estratagemas dos homens; Tu os manténs a salvo secretamente no Teu pavilhão da contenda de línguas.

SALMOS 31:19-20

O lugar secreto mencionado no versículo 20 é o lugar da Presença de Deus. Quando passamos tempo com o Senhor em oração e na Sua Palavra, estamos no lugar secreto. Esse lugar secreto é um lugar de paz e segurança, um lugar onde podemos entregar a Ele nossos cuidados e confiar nele para cuidar de nós.

Uma das maneiras que o inimigo usa para nos atacar é levantar outras pessoas contra nós, que falam de nós, que nos julgam ou nos criticam. O versículo 20 dessa passagem nos diz que Deus nos esconde dos estratagemas dos homens e nos mantém a salvo da contenda de línguas.

Quando passamos tempo na Presença de Deus, Ele se torna nossa proteção, nossa estabilidade, nosso lugar de refúgio. Ele se torna a Fonte do nosso socorro, não apenas quando os outros querem nos ferir e falar mal de nós, mas em toda e qualquer circunstância.

Como sei que o que as pessoas falam de mim não poderá me ferir? Tenho essa certeza porque passo tempo com Deus.

A Bíblia diz em Isaías 54:17: "*Mas nenhuma arma forjada contra você prosperará; e toda língua que se levantar contra você em juízo, você provará estar errada. Esta [paz, justiça, segurança, vitória sobre a oposição] é a herança dos servos do Senhor...*".

Isso faz parte da sua herança como crente. Se passar tempo com Deus, você será protegido pela

Sua Presença. Não importa o que as pessoas digam a seu respeito, não faz a menor diferença, porque mais cedo ou mais tarde ficará provado que elas estão erradas.

"Não Me Envies Sem a Tua Presença!"

Moisés disse ao Senhor: "Tu me dizes: Faça subir este povo, mas não me fizeste saber quem enviarás comigo..." E o Senhor disse: "A Minha Presença irá com você, e Eu lhe darei descanso". E Moisés disse ao Senhor: "Se a Tua Presença não for comigo, não nos faça subir deste lugar!"

Êxodo 33:12, 14-15

Moisés foi chamado por Deus para ir a Faraó e dizer-lhe: "Deixe o meu povo ir", e ele estava muito preocupado. Ele perguntou ao Senhor: "Quem eu direi que me enviou? Faraó não irá me ouvir nem libertar os filhos de Israel do cativeiro egípcio".

Moisés estava assustado e angustiado. Mas Deus lhe disse: "A Minha Presença irá com você, e Eu lhe darei descanso".

Amo a resposta de Moisés: "Tudo bem, mas se a Tua Presença não for conosco, então não me envies!"

Foi assim que me senti quando comecei a realizar uma das minhas conferências, na qual eu ministrava a outras pessoas. "Deus, se Tu não vais estar ali, não me envies!"

Precisamos realmente entender a grandiosidade da Presença de Deus e o que nós, como crentes, temos à nossa disposição. Por que não iríamos querer passar tempo com Deus? Ficamos pendurados ao telefone, perambulamos pelo shopping, ficamos parados diante da TV, e não temos problema algum para fazer essas coisas. *Mas o diabo luta mais contra nós quando se trata de passarmos tempo com Deus do que em relação a qualquer outra área da nossa vida cristã.*

Na verdade, Satanás prefeririá que nos envolvêssemos em qualquer outro tipo de atividade religiosa a passarmos tempo com o Senhor.

Só existe uma maneira que conheço de manter a unção em minha vida, e é passando tempo na Presença de Deus.

Talvez você esteja se perguntando: "*Mas o que devo fazer enquanto estiver passando tempo com Deus?*"

Apenas dedique um período de tempo para esse propósito. Tente não ser legalista a respeito desse assunto, mas procure fazê-lo com o máximo de regularidade possível. Durante esse período, leia a Bíblia e qualquer outro livro cristão que ministre ao seu coração. Fale com Deus. Algumas vezes você pode ouvir músicas cristãs e adorar; outras vezes pode querer simplesmente ficar sentado e desfrutar o silêncio. Se você fizer isso, começará a sentir a Presença do Senhor.

Uma das coisas que precisamos mais do que qualquer outra é ter consciência de que a Presença de Deus está conosco.

Você Pode Ouvir os Pássaros?

Porque assim diz o Senhor Deus, o Santo de Israel: Em voltarem [para Mim] e descansarem [em Mim] vocês serão salvos; na tranquilidade e na confiança, estará a sua força...

ISAÍAS 30:15

Nossas vidas são ocupadas e barulhentas demais. Não desfrutamos de tempos de quietude suficiente; não passamos tempo suficiente a sós. Não temos silêncio suficiente; não passamos tempo suficiente sentados em algum lugar sem que haja barulho algum ao nosso redor.

Por exemplo, sempre achamos que temos de ter algo ligado em nossa casa — o rádio, a televisão, o aparelho de som, o computador — mas isso não é verdade. Uma das melhores maneiras de experimentar a Presença de Deus é deixar nossa casa silenciosa o bastante para ouvirmos os pássaros do lado de fora.

ENCHA-SE NOVAMENTE

E, depois de haver despedido as multidões, Ele subiu ao monte sozinho para orar. Quando caiu a tarde, Ele ainda estava ali, só.

MATEUS 14:23

Se você quer ter vitória em sua vida diária, passe tempo a sós com Deus.

Jesus se ausentava regularmente para orar e ter comunhão com Deus. Aparentemente, Ele tinha uma percepção que o fazia parar a qualquer momento, quando sentia que já havia dado tudo o que tinha dentro dele, se afastar de todos e ir para algum lugar, ficar a sós, orar, falar com Deus. Jesus simplesmente fazia o que costumava fazer naqueles momentos de solidão. Então, quando voltava, Ele estava pronto para ministrar novamente.

> *Se você quer ter vitória em sua vida diária,*
> *passe tempo a sós com Deus.*

Não se permita ficar esgotado. Quando tiver a sensação de que já deu tudo o que havia dentro de si, vá passar tempo com Deus e encher-se novamente. Quando o tanque do seu carro entra na reserva, você para e reabastece para não ficar sem gasolina. Mas no que se refere às coisas espirituais, você talvez esteja com o tanque praticamente vazio.

Às vezes Jesus ia até as montanhas para orar. Ele se levantava cedo pela manhã, apenas para estar a sós com Deus. Quando ele tinha uma decisão importante a tomar, às vezes ele orava a noite inteira. Por quê? Ele sabia o valor de estar na Presença de Deus.

Corra para o Trono

Venham a Mim, todos vocês que trabalham e estão oprimidos e sobrecarregados, e Eu lhes darei descanso. [Eu acalmarei, aliviarei e renovarei as suas almas]. Tomem o Meu jugo sobre vocês e aprendam de Mim, porque sou brando (manso) e humilde (modesto) de coração, e vo-

*cês encontrarão descanso (alívio, calma, refrigé-
rio, lazer e tranquilidade bendita) para as suas
almas.*

MATEUS 11:28-29

Quando estiver angustiado, vá até Jesus e passe um pouco de tempo com Ele. Quando ouvir alguma coisa que o incomode ou o magoe, quando souber que alguém tem falado de você pelas costas, leve isso a Jesus. Quando ouvir dizer que haverá demissões no seu trabalho, corra para o Senhor.

Se eu ficasse sabendo de algo do tipo, iria imediatamente ao Senhor e diria: "Bem, Jesus, imagino que Tu tenhas ouvido o que estão dizendo acerca das demissões no meu trabalhado. Estou me antecipando no meu pedido só por garantia. Se eu for demitida, estou lhe pedindo um emprego que seja ainda melhor do que o que tenho agora".

Não corra para o telefone. Corra para o trono!

HONRE A DEUS COLOCANDO-O EM PRIMEIRO LUGAR

*Mas busquem (objetivem e esforcem-se para
ter) em primeiro lugar o Seu reino e a Sua jus-*

tiça, e então todas essas coisas juntas lhes serão acrescentadas.

MATEUS 6:33

Precisamos honrar a Deus colocando-o em primeiro lugar. Precisamos correr para Ele primeiro, dar a Ele a primeira parte do nosso dinheiro, a primeira parte do nosso tempo, a primeira parte de tudo em nossas vidas. De acordo com o versículo anterior, quando fizermos isso, Ele suprirá as nossas necessidades e nos abençoará.

Você sabe qual é a primeira coisa que Dave e eu geralmente fazemos pela manhã? Nós nos levantamos, tomamos um pouco de café, nos sentamos e conversamos por alguns minutos e às vezes comemos alguma coisa. Então cada um de nós vai para um lugar separado para passar um tempo com o Senhor, provavelmente algumas horas!

Precisamos honrar a Deus colocando-o em primeiro lugar.

Lembro-me de que anos atrás, ao terminar uma série de conferências, costumava pensar no dia seguinte: *Bem, trabalhei o fim de semana inteiro. Quero fazer algo diferente hoje.*

Rapidamente aprendi que não posso sobreviver se não separar tempo para descansar e me renovar espiritualmente, principalmente depois de ministrar em uma conferência. Cheguei à conclusão de que sem isso, estarei cansada no dia seguinte. Preciso me recompor. Preciso me encher de novo. Depois de ter passado tempo alimentando os outros, preciso ser alimentada.

Quem me alimenta?

Jesus! E Ele quer fazer o mesmo por todos os Seus filhos.

ALEGRIA É FORÇA

Tu me mostrarás o caminho da vida; na Tua presença há plenitude de alegria, à Tua destra há prazeres eternos.

SALMOS 16:11

O salmista diz que na Presença do Senhor há plenitude de alegria.

Quando se tem alegria, também se tem força. De acordo com Neemias 8:10, "... *a alegria do Senhor é a sua força...*", e não as circunstâncias ao seu redor. Se você tem a força de Deus, pode manter Satanás debaixo dos seus pés o tempo todo.

Você terá pouca ou nenhuma força contra o diabo se permitir que as circunstâncias sejam um fator determinante em relação à sua alegria. Assim, quando se sentir deprimido ou triste, quando sentir que não sabe onde foi parar sua alegria, entre na Presença de Deus.

Às vezes, quando passo tempo com Deus, começo chorando porque estou incomodada com alguma coisa, e termino rindo.

Você já passou tempo com Deus a sós e acabou rindo como um tolo, simplesmente rindo sem parar? Você já se sentiu meio bobo simplesmente sentado em um quarto rindo sozinho?

Meu marido às vezes entra no meu quarto quando estou sozinha, rindo. Ele simplesmente olha para mim e diz: "Está bem, vejo você mais tarde". Na nossa casa sabemos o que é isso — a alegria do Senhor que vem de habitarmos no lugar secreto da Sua Presença.

HABITE NO LUGAR SECRETO

Aquele que habita no lugar secreto do Altíssimo permanecerá estável e imutável à sombra do

Onipotente [a cujo poder nenhum inimigo pode resistir].

SALMOS 91:1

O lugar secreto é um esconderijo, um lugar de proteção, um lugar com uma cobertura sobre ele para que estejamos seguros de todos os nossos inimigos. Se passarmos tempo na Presença de Deus, habitando nesse lugar secreto, o diabo não poderá nos derrotar.

Vamos dar uma olhada por um instante em alguns casos na Bíblia nos quais a Presença de Deus é mencionada.

O Salmo 53:2 diz que Deus olha para ver quem busca a Sua Presença, ou anseia por ela desesperadamente. O Antigo Testamento descreve como os israelitas sempre enviavam a Arca da Aliança à batalha na frente dos exércitos, porque a Arca levava a Presença de Deus.[1]

Uma ilustração no Novo Testamento fala sobre como os discípulos passaram muito tempo com Jesus antes da Sua morte, do Seu sepultamento e da Sua ressurreição. Depois da Sua ascensão ao céu,[2] dois dos discípulos, Pedro e João, estavam ministrando a algumas pessoas. Os líderes religiosos estavam indignados com a mensagem deles sobre Jesus, de modo que eles os prenderam e começaram a interrogá-los sobre o que estavam fazendo.

De acordo com Atos 4:13, quando aqueles líderes viram a ousadia e a eloquência dos discípulos, *"... perceberam que eles eram iletrados e indoutos [homens comuns sem as vantagens da instrução], e ficaram maravilhados; e reconheceram que eles haviam estado com Jesus"*.

Após ter estado na companhia de Jesus, há alguma coisa em você que o torna diferente das pessoas comuns. Passar tempo no lugar secreto da Sua Presença faz com que você deixe de ser quem é para se tornar o que só Ele pode fazer você ser.

6
VIGIE SUA BOCA

Maneira N.º 3

A morte e a vida estão no poder da língua; e aqueles que se entregam a ela comerão do seu fruto [para a morte ou para a vida].

Provérbios 18:21

A terceira maneira de derrotar Satanás é com palavras. Palavras são tremendas, são receptáculos de poder. Elas carregam um poder criativo ou destrutivo.

Por exemplo, em minhas conferências eu digo palavras, e aqueles que ouvem essas palavras recebem vida — vida em seus relacionamentos, em seus ministérios e em todas as áreas sobre as quais Deus me usa para falar com eles.

Jesus disse que Suas palavras são espírito e vida.[1] Mas as pessoas também podem transmitir morte a você falando coisas que trazem peso sobre sua vida.

Provérbios 18:21 é um versículo com o qual estou muito familiarizada, mas ainda assim sempre sou abençoada quando o leio. Como vimos, ele fala que morte e vida estão no poder da língua, e descreve como aqueles que se entregam a ela comerão do seu fruto, seja para a morte ou para a vida.

Nesse versículo o escritor está dizendo: "Todas as vezes que abre a sua boca, você está ministrando morte ou vida, e você irá comer daquilo que servir aos outros".

Todos nós já ouvimos a frase: "Você vai ter de engolir as suas palavras", e essa é uma grande verdade.

Talvez você esteja engolindo suas palavras agora mesmo, e é por isso que não gosta da sua vida — por causa da sua boca.

Escrevi um livro intitulado *"Eu e Minha Boca Grande!"* que trata das palavras que falamos e de como fazer com que elas trabalhem a nosso favor e não contra nós. O subtítulo do livro é: *Sua Resposta Está Bem Debaixo do Seu Nariz.*

Talvez você esteja lendo este livro sobre como manter o diabo debaixo dos seus pés porque está procurando desesperadamente uma resposta para o que está acontecendo em sua vida. Você acredita que seja possível, ainda que remotamente, que a sua resposta esteja em mudar sua maneira de falar?

Seja Mais Grato

Celebrem com alegria o Senhor, todas as terras! Sirvam ao Senhor com alegria! Apresentem-se na Sua Presença com cânticos! Saibam (percebam, reconheçam e entendam com aprovação) que o Senhor é Deus! Foi Ele quem nos fez, e não nós mesmos [e somos dele]! Somos o Seu povo e as ovelhas do Seu pasto. Entrem nas Suas portas com ações de graças e com uma oferta de gratidão, e nos Seus átrios com louvor! Sejam gratos e digam isso a Ele, bendigam e louvem o Seu nome afetuosamente!

Salmos 100:1-4

Um exemplo de como mudar sua maneira de falar pode ser dar graças a Deus. Todos nós precisamos ser mais gratos. Todos nós precisamos reclamar muito menos e agradecer muito mais.

O Salmo 100:4 diz: "*Sejam gratos e digam isso...*"
Se você é grato, diga isso. Se existem pessoas em sua
vida que você valoriza, declare isso. Se dá valor a sua
família e amigos, se você gosta do seu pastor, declare
isso. Se dá valor a tudo que Deus está fazendo em sua
vida, declare isso.

Precisamos abrir nossa boca e dar graças. Não
temos problema algum em abrir nossa boca quando não gostamos de algo. Precisamos aprender a
usar nossa boca com o propósito para o qual Deus
a deu a nós. Ele não nos deu nossa boca para ferirmos as pessoas ou para julgá-las falando coisas
negativas, maledicentes, críticas, caluniadoras. Ele
a deu a nós para amarmos as pessoas através das
nossas palavras encorajadoras, positivas e cheias
de vida.

Lembre-se de que as palavras são poderosas.

DIGA UMA PALAVRA OPORTUNA

> *[O Servo de Deus diz] O Senhor Deus me deu
> a língua de um discípulo e de alguém que é erudito, para que eu saiba como dizer uma palavra
> oportuna àquele que está cansado...*

ISAÍAS 50:4

Esse versículo diz que, como discípulos, devemos aprender a dizer uma palavra ao cansado no tempo oportuno. Pense nisso. Uma palavra (apenas uma palavra) a uma pessoa cansada (alguém que está prestes a desistir) dita no momento oportuno (exatamente quando ela precisa disso) pode transformar alguém. Ela pode transformar completamente a vida dessa pessoa, impedi-la de se desviar ou de desistir, e incentivá-la a seguir em frente.

Dizer palavras no tempo oportuno uns aos outros nos impedirá de ficar esgotados.

Todos nós temos um ministério. Esse ministério é dar ao cansado uma palavra — uma palavra no tempo certo — e abençoá-lo com as palavras da nossa boca.

Dizer palavras no tempo oportuno uns aos outros nos impedirá de ficar esgotados.

A Palavra é uma Arma

Acima de tudo, tomando o escudo da fé com o qual vocês poderão apagar todos os dardos in-

flamados do maligno. E tomem o capacete da salvação, e a espada do Espírito, que é a Palavra de Deus.

EFÉSIOS 6:16-17

Anteriormente, neste livro, falamos sobre a armadura de Deus, que os crentes devem colocar a fim de lutar a guerra espiritual e manter o diabo debaixo dos nossos pés. Uma peça importante dessa armadura é a espada do Espírito, que é a Palavra de Deus.

Precisamos conhecer a Palavra de Deus porque ela é poderosa. Precisamos estudá-la e aprendê-la, e depois declará-la de acordo com as nossas necessidades e as situações vividas por nós.

A Palavra de Deus é uma arma para ser usada quando o inimigo se levantar contra nós. O diabo tem medo da Palavra porque ele sabe que há poder nela. A Palavra de Deus que sai da boca do crente é uma espada afiada contra o inimigo.

Quando você sentir que está ficando deprimido, não diga "Estou deprimido". Tome posse da Palavra e diga: "O Senhor me deu vestes de louvor em vez de espírito angustiado".[2] Diga: "Por que estás tão abatida, ó minha alma? Coloque a sua esperança em

Deus".[3] Você ficará absolutamente impressionado e surpreso ao ver como sua vida mudará se você mudar sua maneira de falar.

A Palavra de Deus que sai da boca do crente
é uma espada afiada contra o inimigo.

A Bíblia nos diz que servimos a um Deus que chama à existência as coisas que não são como se elas já fossem,[4] um Deus que fala de coisas que não existem como se elas já existissem.[5] Você e eu precisamos fazer o mesmo. Se sabemos que uma coisa está na Palavra de Deus, precisamos declará-la.

Satanás é um mentiroso. Ele é descrito na Bíblia como "... o pai da mentira e de tudo que é falso".[6] Ele se empenha em criar problemas para nós e depois os usa para nos influenciar a profetizar esse mesmo tipo de problema sobre o nosso futuro.

Você fala acerca de sua própria vida? O que você declara sobre o seu futuro? Como veremos mais adiante neste capítulo, você pode profetizar um futuro melhor para si mesmo e para seus entes queridos de acordo com a Palavra de Deus, profetizando a Palavra sobre as áreas mortas de sua vida.

DERROTE SATANÁS COM A PALAVRA

E Jesus lhe respondeu: "[A Escritura] diz: Você não tentará (provará, testará em extremo) o Senhor seu Deus". E quando o diabo terminou toda [o ciclo completo da] tentação, ele o deixou [temporariamente] [isto é, afastou-se dele] até outro momento mais oportuno e favorável.

LUCAS 4:12-13

Você pode derrotar Satanás usando a Palavra de Deus, assim como Jesus fez.

No momento do batismo de Jesus no rio Jordão, "... *o Espírito Santo desceu sobre Ele em forma corpórea como uma pomba, e uma voz veio do céu dizendo: 'Tu és Meu Filho, o Meu Amado! Em Ti tenho prazer!'".*[7]

Depois, Jesus foi conduzido pelo Espírito Santo para o deserto para ser tentado pelo diabo por quarenta dias e quarenta noites. Imediatamente Satanás começou a se levantar contra Ele, tentando-o a fazer certas coisas para provar que Ele era o Filho de Deus. Para cada tentação oferecida pelo diabo, Jesus disse: "*Está escrito...*".

A Bíblia nos mostra que Satanás disse algo a Jesus, e Jesus disse algo a Satanás; o diabo disse algo a Jesus, e Jesus disse algo ao diabo.

As pessoas sempre me dizem que o diabo está dizendo isso ou aquilo para elas, mas quero saber o que elas estão dizendo ao diabo.

Nessa passagem, nos é revelada a importância de aprendermos como responder ao diabo. Precisamos tirar a espada da bainha e começar a usá-la contra o inimigo.

Quando o diabo lhe disser que você não presta para nada, abra a sua boca e comece a dizer coisas boas a seu respeito: "Eu sou a justiça de Deus em Jesus Cristo.[8] Eu prospero em tudo onde coloco as minhas mãos. Tenho dons e talentos, e Deus está me usando. Ando em amor. A alegria flui através de mim. Sou um vencedor que é precioso aos olhos de Deus, e Ele me ama".

Resumindo, se você quer manter o diabo debaixo dos seus pés, permaneça em paz, passe tempo com Deus e comece a usar a espada de dois gumes — a Palavra de Deus — contra o inimigo. Você pode derrotar Satanás com a Palavra de Deus.

Lembre-se de que "... as armas da sua milícia não são carnais, mas poderosas em Deus para derrubar fortalezas..."[9] Estamos lutando em uma guerra espiritual, não em uma guerra natural, e as nossas armas são armas espirituais. A Palavra de Deus é uma das armas espirituais mais poderosas que Ele nos deu. Para usá-la, medite nas coisas positivas que ela diz a seu respeito e declare-as.

Fico muito entusiasmada com a Palavra porque já a estudei o suficiente e já tive experiências suficientes com ela para saber que o que estou lhe dizendo irá funcionar se for aplicado à sua vida. Você pode mudar seu futuro profetizando sobre sua própria vida o que a Palavra de Deus diz a seu respeito.

Não ande por aí dizendo: "Nunca me acontece nada de bom". Em vez disso, diga: "Deus tem um bom plano para a minha vida, e vou vê-lo acontecer".

Se o diabo disser que você vai morrer, diga: "Viverei e não morrerei, e estarei aqui para contar em alta voz as obras do Senhor".[10]

Quando aprende as palavras da Bíblia, você pode então declará-las. Realmente há vida e poder na Palavra de Deus — mas não há vida alguma em uma confissão negativa.

Exerça o Controle

Não devemos tentar o Senhor [provar a Sua paciência, nos tornarmos uma provação para Ele, avaliá-lo de forma crítica e explorar a Sua bondade] como alguns deles fizeram — e foram mortos por serpentes venenosas; nem reclamar em descontentamento como alguns deles fizeram — e foram tirados do caminho completamente pelo destruidor (a morte).

1 Coríntios 10:9-10

Recebi uma tremenda revelação para minha própria vida ao meditar nessa passagem. Como os israelitas, eu também era uma murmuradora, e uma pessoa que procurava defeitos em tudo. A maioria das pessoas é assim — até mesmo muitos cristãos. Não existe um homem ou mulher vivo hoje que não saiba como murmurar e reclamar.

Como a passagem anterior nos diz, a maioria dos israelitas morreu no deserto. Na verdade, todos os adultos que saíram do Egito pereceram ali, exceto dois deles: Josué e Calebe. Aqueles israelitas que morreram no deserto tinham filhos, e alguns desses filhos entraram na Terra Prometida.[11] Mas esse fato é muito impressionante quando pensamos em quantos milhões de pessoas Moisés conduziu para fora do Egito.

Tenho uma série de mensagens poderosas chamada "Mentalidades de Deserto". Nessas mensagens falo sobre todos os motivos pelos quais aquelas pessoas morreram no deserto e nunca conseguiram chegar à Terra Prometida. Um dos motivos foi o fato de serem murmuradoras, pessoas que reclamavam, resmungavam e procuravam defeitos em tudo.

Todas as vezes que alguma coisa não dava certo, o povo colocava a culpa em Moisés. A atitude negativa deles era simplesmente outro aspecto do seu modo de vida maligno e carnal, um modo de vida que incluía a imoralidade. Na verdade, como resultado dessa imoralidade, em um só dia vinte e três mil deles morreram.[12] E lembre-se de que, como resultado de sua murmuração, *eles foram totalmente tirados do caminho pelo destruidor (a morte).*

Por que isso aconteceu? Como 1 Coríntios 10:9 diz, isso aconteceu porque o povo tentou ao Senhor, testou Sua paciência, tornou-se uma provação para Ele, criticou-o ou avaliou-o de forma crítica e explorou Sua bondade.

Quando não abrimos nossa boca e damos graças, mas em vez disso murmuramos e reclamamos, estamos explorando a bondade de Deus porque independentemente do que esteja acontecendo em nossas vidas, Deus continua sendo bom.

Quando lemos que aquelas pessoas morreram no deserto por causa de seu estilo de vida marcado pela negatividade e murmuração, penso que se tivéssemos um pouco de bom senso, essa passagem colocaria em nós o temor de Deus.

Ora, não estou dizendo que se murmurarmos ou reclamarmos de alguma coisa, Deus vai nos fazer perecer. Mas quantas portas abrimos para o diabo em nossas vidas através da murmuração e da reclamação? Quantas vezes pedimos a Deus que nos dê alguma coisa, e depois que Ele nos dá, começamos a murmurar e a reclamar porque temos de cuidar dela?

Reclamamos porque não somos casados e depois reclamamos porque estamos casados. Reclamamos porque não temos uma casa grande; depois compramos uma casa grande e reclamamos porque temos de limpá-la. Esse tipo de "mentalidade do deserto" nos mantém vivendo no deserto quando poderíamos estar vivendo na Terra Prometida — a terra da abundância que Jesus morreu para nos dar.

Em Filipenses 2:14 a Bíblia nos diz para fazermos todas as coisas sem reclamação. "Todas as coisas" quer dizer tudo! Devemos limpar nossa casa sem reclamar, cortar a grama do quintal sem reclamar, dirigir para o trabalho sem reclamar, fazer nosso trabalho sem reclamar.

Precisamos nos posicionar firmemente contra o inimigo nessa área. Pare para pensar: quanto tempo gastamos reclamando quando, na verdade, ter uma postura positiva garantiria pelo menos 90 por cento da vitória na batalha?

É muito fácil para mim começar a reclamar de tudo que preciso fazer no ministério. Então preciso apenas me lembrar de todos os anos durante os quais orei para ter este ministério, e a minha atitude muda.

Estou certa de que existem pessoas na equipe que viaja conosco, que oram: "Ó Deus, dá-me um trabalho como os outros para que eu possa ficar em casa o tempo todo". Então, quando elas estão fazendo algo "comum", elas reclamam: "Estou tão cansado desta velha rotina; gostaria de poder viajar de novo". Estou certa de que temos músicos que oram: "Ó Deus, dá-me um emprego onde eu possa viajar e usar o meu talento". Então eles conseguem esse emprego, e dizem: "Estou tão cansado! Este hotel é horroroso e o restaurante dele é péssimo. Gostaria de poder ficar em casa de vez em quando". O motivo pelo qual sei que eles provavelmente dizem essas coisas é porque eu mesma as disse muitas vezes.

Podemos realizar qualquer coisa e sermos sempre vencedores desde que tenhamos uma atitude que agrada a Deus. Desenvolvemos esse tipo de atitude exercendo o controle sobre nossa boca diariamente. Para eliminar qualquer coisa que ofenda a Deus de nossas conversas, nossa oração deve ser continuamente: *"Põe guarda, ó Senhor, à minha boca; mantém vigilância à porta dos meus lábios".*[13]

MANTENHA A PORTA FECHADA PARA SATANÁS

> *Ele foi oprimido, [mas quando] Ele foi afligido, Ele foi submisso e não abriu a boca; como um cordeiro que é levado ao matadouro; e como uma ovelha diante de seus tosquiadores, Ele não abriu a boca.*
>
> ISAÍAS 53:7

Pense nesse versículo. O que você acha que ele quer dizer ao falar que Jesus não abriu Sua boca? Ele quer dizer que Jesus tinha bom senso suficiente para saber que quando estivesse sob pressão, seria tentado a dizer coisas erradas. Então, ao viver os dias finais de Sua agonia aqui na Terra, Ele disse muito pouco.

Jesus sabia que estava se aproximando a hora de ir para a cruz. Em João 14:30, Ele disse aos Seus discípulos: "*Não falarei muito mais com vocês, porque o príncipe (o anjo mau, o governante) deste mundo está vindo. E Ele não tem direitos sobre Mim. [Ele não tem nada em comum comigo; não há nada em Mim que pertença a ele, e ele não tem poder sobre Mim]*".

Sabe o que acho que Ele quis dizer? "Satanás realmente está vindo com força agora, mas ele não tem nenhum poder sobre Mim, e não vou abrir a Minha boca e dizer alguma coisa que possa abrir a porta para ele. Então se parecer que estou um pouco calado agora, não se preocupem. É simplesmente porque as coisas vão ficar mais difíceis por um tempo, e não quero falar com base nas Minhas emoções".

Não creio que um filho de Deus queira falar sobre as obras do inimigo, mas muitos o fazem optando por dizer o que pensam, sentem e querem, em vez de declarar a Palavra de Deus. Escolha ser boca de Deus e feche a porta para o diabo.

Há Poder nas Palavras

Pela fé, entendemos que o universo foi formado (moldado, colocado em ordem e equipado para o propósito pretendido) [durante as sucessivas eras] pela Palavra de Deus, de maneira que o que vemos não foi feito das coisas que são visíveis.

Hebreus 11:3

As palavras não são apenas receptáculos vazios. Há poder nelas. Deus criou a Terra com Suas palavras. O Espírito Santo transforma vidas através de palavras. Pessoas são encorajadas ou derrotadas por causa de palavras. Os casamentos se desfazem porque as pessoas não dizem as palavras certas.

Quantos casamentos você acha que ainda estariam intactos se um dos parceiros tivesse simplesmente dito diariamente, enquanto ainda estava casado: "Amo você e valorizo você"? São apenas algumas palavras simples, mas há poder nelas; elas são positivas, amorosas e encorajadoras.

Todas as vezes que acabo de pregar, literalmente *todas as vezes*, não se passam mais de dez minutos até que meu marido me diga: "Esta mensagem foi realmente ótima". E sabe de uma coisa? Preciso ouvir isso — principalmente vindo dele.

Sempre tento dizer àqueles que lideram a adoração que eles fizeram um bom trabalho, e eles precisam ouvir isso.

As pessoas não precisam que as destruamos; elas precisam que as edifiquemos dizendo palavras que as fortaleçam, exortem e encorajem.

O Que Você Está Dizendo?

A mão do Senhor estava sobre mim, e Ele me levou no Espírito do Senhor, e me colocou no meio do vale; e ele estava cheio de ossos. E Ele fez com que eu passasse ao redor deles, e eis que eram muitos [ossos humanos] no vale aberto ou plano, e eis que estavam muito secos. E Ele me disse: "Filho do homem, podem estes ossos viver?" E eu respondi: "Ó Senhor Deus, Tu o sabes!" Novamente Ele me disse: "Profetize a estes ossos e diga-lhes: 'Ó ossos secos, ouçam a palavra do Senhor'".

Ezequiel 37:1-4

Tenho certeza de que em algum momento de sua vida você já teve a sensação de que onde quer que olhasse havia uma pilha de ossos secos e mortos.

Deus mostrou aqueles ossos a Ezequiel e perguntou a ele: "Podem estes ossos secos e mortos viver outra vez?" Em outras palavras, Ele estava perguntando: "É possível fazer alguma coisa com este caos? É possível mudar esta situação?"

Então Ele disse a Ezequiel para falar aos ossos e dizer a eles: "Ó ossos secos, ouçam a Palavra do Senhor".

Se você está vivendo um momento de enorme caos em sua vida e está tentando expulsar o diabo de sua propriedade e mantê-lo debaixo dos seus pés, você pode fazer isso com palavras.

Você consegue entender? Você pode dizer: "Grande montanha, ouça a Palavra do Senhor. Caos, ouça a Palavra do Senhor. Pobreza, ouça a Palavra do Senhor. Doença e enfermidade, ouçam a Palavra do Senhor. Espírito atormentador, ouça a Palavra do Senhor".

Tudo isso aconteceu porque
um homem profetizou.

Se você ler o restante dessa história em Ezequiel capítulo 37, descobrirá que depois que Ezequiel fez o que Deus lhe havia dito para fazer e profetizou àqueles ossos secos, eles se uniram, carne e tendões apareceram sobre eles e eles foram cobertos com pele.

Então, no versículo 9, o Senhor disse a Ezequiel para profetizar e ordenar que o fôlego e o espírito entrassem neles. No versículo 10, Ezequiel disse: "*Então profetizei como Ele me ordenou, e o fôlego e o espírito entraram [nos ossos], e eles viveram e se levantaram sobre seus pés, um exército extremamente grande*".

Tudo isso aconteceu porque um homem profetizou.

O que você está declarando sobre as circunstâncias mortas e secas de sua vida? Você está profetizando aos seus ossos secos? Ou suas palavras os estão tornando mais mortos e mais secos?

Talvez isto lhe soe familiar: "Nada nunca vai mudar em minha vida. Todas as vezes que consigo alguma coisa, o diabo a tira de mim. É sempre assim: todas as vezes que penso que algo de bom vai acontecer, sou atacado".

Se é isso que está dizendo, então você está apenas pedindo para ter mais problemas. Todas as vezes que você fala assim, está dando ao diabo o direito de usar o poder dele.

Em vez de fazer isso, aprenda a falar a Satanás e a neutralizar seu poder.

Não diga ao diabo o que você sente ou pensa — não olhe para sua vida e para o que você não tem — abra sua boca e diga a ele exatamente o que Deus lhe prometeu! Quando você mudar suas palavras, será o fim dele. Não haverá realmente nada que ele possa fazer depois disso.

7
SUBMETA-SE A DEUS

Maneira N.º 4

[Vivam] como filhos da obediência [a Deus]...

1 Pedro 1:14

Quando falo sobre a necessidade de sermos obedientes a Deus para manter o diabo debaixo dos nossos pés, sempre esclareço dizendo que se trata de obediência pessoal. Faço isso porque existem coisas que Deus lhe dirá para fazer ou não, que talvez Ele não diga a ninguém mais.

Ora, obviamente a Palavra é para todos nós. Mas Deus pode colocar algo em seu coração que é somente para você e ninguém mais. Ele pode dizer algo como

"Não quero que você coma mais açúcar", ou "Preciso que você pare de tomar cafeína", ou "Quero que você pare de tomar seis latas de refrigerante por dia". Deus já lhe disse alguma coisa parecida com isso?

Quando o Senhor fala algo assim conosco, às vezes pensamos: *Ah, é apenas uma ideia que tive, um pensamento que passou pela minha cabeça...* Ou talvez saibamos que é Deus de fato falando, mas não o levamos a sério. Talvez encaremos como uma sugestão, e não uma ordem. Mas não existe nenhuma diferença entre sugestões e ordens divinas. Qualquer coisa que Deus nos diga é para o nosso bem, e estamos sendo tolos se não ouvirmos e obedecermos. Muitas vezes este é o motivo pelo qual nos metemos em problemas — não prestamos atenção ao que Deus está nos dizendo.

Talvez você se sinta mal o tempo todo simplesmente por causa de algo que come ou bebe. Deus pode saber disso, mas você não. Você acha que está tudo bem porque "todo mundo faz isso". Então você continua a fazê-lo.

Você diz: "Por que não?". Afinal, fiz isso toda a minha vida e nunca me incomodou antes.

Cheguei a um ponto há alguns anos em que eu não podia mais tomar cafeína. É importante você saber que eu costumava me gabar porque conseguia tomar uma caneca de café e ir me deitar, pegando no sono imediatamente. Foi assim por muitos anos; a cafeína simplesmente nunca me incomodou.

Então, de repente, algo mudou no meu organismo. Dizem que são os hormônios. Quando os hormônios ficam confusos, às vezes muitas outras coisas também ficam confusas junto com eles.

De repente eu estava me sentindo cansada, mais cansada do que o normal. Parecia que as coisas estressantes me incomodavam mais. A cafeína estava me deixando estressada e também tensa, impedindo-me de dormir.

Houve outro momento no qual me senti constantemente cansada por vários meses. Pensei que fosse porque estava viajando muito e esperava que passasse quando eu tivesse a chance de descansar. Por fim a oportunidade chegou, e embora eu tenha descansado, ainda estava cansada. Uma manhã, perguntei ao Senhor por que estava me sentindo tão cansada o tempo todo, e ouvi-o dizer em meu coração: "Você está comendo demais e sobrecarregando seu corpo, está comendo o tipo errado de alimentos em excesso".

Quando fui sincera comigo mesma e examinei o que andava comendo, percebi que o Senhor estava certo, como Ele sempre está, e mudei. No dia seguinte me senti melhor, e isso continuou. Sempre temos bons resultados quando obedecemos ao Senhor.

Meu marido, Dave, teve uma experiência semelhante. Ele sempre tomou cafeína sem ter nenhum problema, e então, de repente, começou a se sentir mal. Ele se deitava à noite e sentia tão agitado que não conseguia dormir.

Ele começou a orar e a perguntar a Deus "Qual é o problema?", até que o Senhor lhe respondeu (em seu coração): cafeína. Dave abandonou a cafeína, e melhorou. Até hoje, se ele comer chocolate demais — porque o chocolate tem muita cafeína — ele fica com a mesma sensação à noite e tem dificuldade para dormir. O excesso de açúcar o afeta do mesmo modo, então ele o evita porque sentir-se mal o tempo todo torna a vida muito mais difícil.

Dave não teve muitos problemas porque ouviu a Deus. Mas geralmente Deus diz algo semelhante ao que disse a Dave a alguém, e essa pessoa passa os vinte anos seguintes se sentindo péssima porque não quer fazer o que Deus lhe disse para fazer.

É por isso que todos nós temos de andar em obediência pessoal a Deus. Porém frequentemente dizemos algo do tipo: "Senhor, preciso que cures minhas pernas porque elas doem o tempo todo". Então Ele diz: "Mude seus hábitos alimentares e perca vinte quilos".

Ficamos na defensiva e dizemos: "Mas Senhor, meu problema não tem nada a ver com minha alimentação ou com meu peso. Tenho comido as mesmas coisas e tenho o mesmo peso há vinte anos, e isso nunca me incomodou antes".

A vida de muitas pessoas é um caos simplesmente por causa da desobediência.

À medida que envelhecemos, nem sempre podemos fazer as mesmas coisas que podíamos fazer quando éramos mais jovens. Na verdade, se não tivéssemos feito algumas dessas coisas quando éramos mais jovens, provavelmente nos sentiríamos melhor agora que somos mais velhos.

Quando você é jovem, acha que pode abusar do seu corpo e se safar por toda a vida. Mas terá que pagar um preço por isso algum dia.

A vida de muitas pessoas é um caos simplesmente por causa da desobediência. A desobediência delas vem da ignorância ou da rebelião, mas a única maneira de sair do caos é o arrependimento e o retorno à submissão e à obediência.

A Submissão é uma Ação e uma Atitude

Submetam-se, portanto, a Deus. Resistam ao diabo, e ele fugirá de vocês.

Tiago 4:7

Não sei dizer por quantos anos ouvi apenas a segunda metade desse versículo ser citado: *"Resistam ao diabo, e ele fugirá de vocês"*. Nunca prestei atenção de fato à primeira metade desse versículo.

Tentar resistir ao diabo não nos fará bem algum se não nos submetermos a Deus, porque o poder para resistir ao diabo está em nos submetermos a Ele.

Se você quer manter Satanás debaixo dos seus pés, precisa andar em obediência. Não seja intencionalmente desobediente, não desobedeça deliberadamente.

Se eventualmente desobedeço a Deus? Sim. Não planejo ser desobediente, e não faço isso de propósito. Posso perder a calma e dizer algo que não deveria dizer. Mas assim que Deus começa a tratar comigo sobre o assunto, assim que Ele começa a me dizer "Você agiu mal e é melhor voltar até lá, pedir desculpas e consertar as coisas", faço o que Ele diz.

Tenho um temor reverente de Deus[1] em minha vida, e acho que precisamos ter muito mais desse temor. Creio que Deus é Deus, e que Ele fala sério. Creio que quando Ele me diz para fazer alguma coisa, Ele fala sério, e quando Ele me diz para não fazer alguma coisa, Ele fala sério.

Sim, vivemos debaixo da graça, mas a graça não é uma desculpa para pecar; ela é o poder para vivermos uma vida santa.

OBEDIÊNCIA EXTREMA

Embora Ele fosse Filho, aprendeu a obediência [ativa e especial] através do que Ele sofreu.

HEBREUS 5:8

A principal razão pela qual as pessoas não obedecem a Deus é porque obediência requer algum tipo de sofrimento.

Todas as vezes que Deus quer que você faça uma coisa, e sua carne quer fazer outra, se escolher obedecer a Deus, será um pouco sofrido.

Vamos ver alguns versículos sobre obediência e desobediência. Provérbios 11:3 diz que o antagonismo e a perversão destroem as pessoas, e 1 Samuel 15:23 diz que a rebelião é como feitiçaria e a obstinação é como idolatria.

Agora, observe o que Filipenses 2:8 diz sobre Jesus: *"E depois que Ele apareceu em forma humana, Ele se humilhou [ainda mais] e levou a Sua obediência ao extremo da morte, e morte de cruz!"*

Jesus era extremamente obediente. Ele não era um pouco obediente. Ele não era parcialmente obediente. Ele era total, completa e extremamente obediente.

Creio que Deus ama ver pessoas que levam sua obediência ao extremo. Você é uma delas?

De acordo com a Bíblia, a obediência de Jesus era tão extrema que ela lhe custou Sua vida. Deus não está nos pedindo para subirmos em uma cruz e derramarmos nosso sangue e morrer fisicamente. Mas Ele está nos pedindo para morrermos para nós mesmos.

Viva Além dos Seus Sentimentos

E Jesus chamou [a Si] a multidão com os Seus discípulos e lhes disse: Se alguém pretende vir após Mim, negue-se a si mesmo [esqueça, ignore, abandone e perca de vista a si mesmo e aos seus próprios interesses] e tome a sua cruz, e [juntando-se a Mim como um discípulo e andando ao Meu lado] siga-Me [apegando-se firmemente e continuamente a Mim].

Marcos 8:34

Observe que a tradução da *Amplified Bible* desse versículo diz: *"... esqueça, ignore, abandone, e perca de vista a si mesmo e os seus próprios interesses..."* Portanto, na verdade, a cruz que carregamos não é viver uma vida egoísta, egocêntrica de "eu, eu, eu", mas viver uma vida que esteja disposta a sofrer para obedecer a Deus.

Deixe-me dar-lhe um exemplo. Imagine que eu tenho uma quantia de dinheiro guardada, e já tenha planos de como gastá-la. Suponhamos que alguém apareça e Deus me diga: "Você precisa ajudar essa pessoa dando o dinheiro a ela". Ou suponhamos que alguém precise de uma oferta, e Deus me diga para entregar esse dinheiro.

Posso dizer: "Mas e eu, Senhor? Tenho planos para este dinheiro".

Se eu for obediente e fizer o que Deus diz, sofrerei um pouco porque terei de abrir mão do que pretendia comprar com aquele dinheiro.

Esse tipo de obediência é parte do que Jesus quis dizer quando Ele disse que, para segui-lo, teremos de negar a nós mesmos, ou morrer para nós mesmos. Precisamos morrer para a nossa própria maneira de ser e agir — as formas carnais de lidar com as situações, e todos os seus caminhos e exigências. Mas é exatamente esse tipo de obediência que nos dá o poder para manter o diabo debaixo dos nossos pés.

JESUS GOVERNOU ATRAVÉS DA OBEDIÊNCIA

Portanto [por ter Ele se inclinado tão baixo] Deus o exaltou grandemente e lhe concedeu liberalmente o nome que está acima de todo nome, para que ao nome de Jesus todo joelho deva (precise) se dobrar, no céu, na terra e debaixo da terra.

FILIPENSES 2:9-10

O reino das trevas não tem poder sobre Jesus. Por quê? Porque Ele era extremamente obediente.

Muitas vezes gostamos de usar o nome de Jesus como um amuleto da sorte, acrescentando-o no final de tudo o que queremos. Mas realmente não creio que Seu Nome tenha alguma poder real para nós, a não ser que estejamos andando em obediência da melhor forma possível.

Nenhum de nós que está em um corpo humano é totalmente obediente. Não estou tentando amedrontar ninguém ou fazer com que se sintam culpados. Estou falando sobre tirar o lixo de nossas vidas. Estou falando sobre não sair por aí desobedecendo porque pensamos: *Não importa o que eu faça, Deus entende.*

Por exemplo, uma mulher que está vivendo com seu namorado ou um homem que está vivendo com sua namorada, pode tentar desculpar seu comportamento dizendo: "Algumas pessoas podem pensar que eu estou agindo errado, mas Deus entende. Afinal, estamos no século 21".

Podemos estar no século 21, mas isso ainda é pecado. Realmente não importa em que século estamos, a Palavra de Deus está tão certa neste século quanto estava dez séculos atrás.

Temos de superar este tipo de pensamento — pensar que a nossa sociedade é tão progressiva agora que não precisamos da Palavra de Deus. Tudo que temos a fazer para refutar essa noção é olhar o resultado de todo o pecado desenfreado no mundo de hoje.

Atualmente, mais de 50% das pessoas que se casam não permanecem casadas.[2] Os adolescentes estão se matando nas escolas. Eles atiram nos professores quando ficam irritados com algo que os desagrada. Há vinte ou trinta anos, o pior problema na escola era mascar chicletes e jogar bolinhas de papel. Agora são as drogas e a violência.

Não há dúvidas de que progredimos. Avançamos muito, sem dúvida. Mas é triste dizer que muito do nosso progresso foi ladeira abaixo.

Ora, sei que, quando digo coisas desse tipo, posso estar ofendendo você porque talvez você esteja vivendo com alguém fora do casamento ou fazendo outra coisa que Deus diz para não fazer na Sua Palavra. Não estou tentando ofendê-lo, magoá-lo ou fazer com que você perca seu interesse pelas coisas de Deus. Estou tentando ajudar você. Mas não posso ajudá-lo se simplesmente lhe der um tapinha nas costas e disser que você pode fazer o que quiser porque "Deus entende".

SUBMETA-SE A DEUS

A porta da desobediência é uma das entradas favoritas de Satanás para nos atrair gradualmente para uma teia de pecado, que será devastadora para nós no fim das contas. A Bíblia nos ensina a importância de obedecer à Palavra. Sem essa obediência, nunca teremos autoridade sobre o diabo. A Palavra é a Palavra, e se Deus diz que alguma coisa é errada, ela é errada. Se Deus diz que algo é uma abominação, é uma abominação.

DEIXE DEUS GUIAR SEU FUTURO

Não se achará entre vocês alguém que... use de adivinhação, ou seja um necromante, ou prognosticador ou feiticeiro, ou encantador, ou médium, ou mágico, ou necromante. Porque todo aquele que faz estas coisas são uma abominação ao Senhor...

DEUTERONÔMIO 18:10-12

Hoje em dia muitas pessoas vão às cartomantes e aos que leem cartas de tarô ou aos chamados videntes, que cobram um determinado valor por minuto para dizer a elas o seu futuro. Existem milhões de pessoas que seguem o horóscopo, baseando suas vidas nas es-

. 133 .

trelas. Talvez você seja uma delas. Mas não há necessidade de adorar as estrelas quando você pode adorar ao Deus que as criou.

A Bíblia tem muito a dizer sobre consultar médiuns e adivinhos e sobre praticar outros tipos de atividades que Deus considera abomináveis.

Talvez você pergunte: "Como você sabe que a Bíblia é verdadeira?"

Esse Livro foi mais atacado do que qualquer outro livro em toda a História, e ainda assim não caiu no esquecimento. Na verdade, ele é uma compilação de sessenta e seis livros, todos escritos por autores diferentes, mas ainda assim, ele faz sentido como um todo e não se contradiz. Isso não poderia ser obra do acaso.

"E há erros na Bíblia?"

Sinceramente não sei. Pode haver por causa de diferenças nas traduções. É possível que nem todas as vírgulas e pontos estejam exatamente onde deveriam, mas creio que Deus preservou a integridade da Sua Palavra. Creio que podemos viver de acordo com o que ela diz, e não creio nela simplesmente porque decidi crer. Creio nela porque ela provou ser real em minha vida.

SUBMETA-SE A DEUS

Não desperdice seu dinheiro procurando por pessoas que supostamente podem lhe falar sobre seu futuro. Deixe Deus conduzir o seu futuro.

Lembre-se de que a Bíblia descreve coisas como horóscopos, cartas de tarô, leituras de médiuns e adivinhação como abominação para Deus. Mas creio que muitas pessoas hoje nem sequer sabem que essas coisas são erradas. De fato, algumas igrejas nem sequer ensinam às pessoas que essas coisas são erradas.

Eu frequentava uma determinada igreja antes de ser batizada no Espírito Santo, e havia uma mulher em nossa igreja que estava começando a se envolver com meditação transcendental. Como não sabia se havia algo de errado com aquilo ou não, ela procurou nosso pastor e conversou com ele sobre isso. Ele disse a ela: "Não estou bem certo. Deixe-me ver se isso funciona ou não; é possível que eu mesmo experimente".

Eu também não sabia nada a respeito disso. Se Deus não tivesse intervindo em minha vida, eu poderia ter me envolvido em alguma dessas atividades ligadas à Nova Era.

Não há como dizer quantas pessoas estão sendo sugadas em direção aos movimentos "Nova Era" simplesmente porque elas realmente não conhecem o suficiente da Palavra para saber que precisam ficar longe desse tipo de coisa.

OUÇA DEUS

Se algum de vocês é deficiente em sabedoria, peça-a ao Deus doador [que dá] a todos liberalmente e com generosidade, sem repreender ou criticar, e lhe será dada.

TIAGO 1:5

Deus lhe dirá tudo o que você precisa saber, se você simplesmente ouvi-lo. Por que razão você iria procurar outra pessoa e perguntar o que deve fazer com sua vida quando provavelmente, por trás dos bastidores, a vida dessa pessoa está um caos?

Uma psiquiatra me disse: "Agora só aconselho as pessoas usando suas mensagens". Ela disse que depois de me ouvir ensinar, começou a se encontrar com seus clientes em sessões particulares e depois os mandava para casa com um conjunto de mensagens minhas em áudio.

Essa mulher estava falando sério. Ela me disse: "Todas essas pessoas me procuravam em busca de aconselhamento, e eu pensava: *'Não tenho a menor ideia do que dizer a elas; minha vida está um caos, pior do que a da maioria delas"*.

Então ela disse: "Tive acesso às suas mensagens e comecei a ouvi-las, e finalmente decidi começar a dá-las aos meus clientes para que eles as ouvissem em casa".

Ora, não estou dizendo que não existem bons psiquiatras ou conselheiros, ou que eles não estejam ajudando as pessoas. Estou dizendo que se você vai procurar alguém em busca de aconselhamento, é melhor ter certeza de que seja alguém guiado pelo Espírito Santo.

A Bíblia diz em Mateus 15:14 que o cego não pode guiar outro cego; ambos cairão em uma cova.

Eu certamente não iria querer que uma pessoa não salva, mundana, envolvida com a Nova Era tentasse me dizer como lidar com meus problemas assim: "Se está com raiva, entre em um quarto e bata em um travesseiro. Expresse essa ira. Desconte no travesseiro".

Em vez de espancar seu travesseiro, por que não tentar simplesmente buscar a cura ouvindo o que Deus tem a dizer? Por que não fazer o que a Palavra diz e perdoar todos aqueles que o feriram e o deixaram irado? Você pode sentir vontade de bater em alguma coisa de vez em quando — me senti assim por muitos anos — mas isso de nada adianta.

Aprenda a viver sem ser controlado pelos seus sentimentos. Consulte Deus primeiro — peça a Ele aconselhamento, ajuda, consolo, direção — e ande em obediência às instruções dele da melhor forma possível.

8
ANDE EM AMOR

Maneira N.º 5

> *E andem em amor [estimando e tendo prazer uns nos outros] como Cristo nos amou e Se entregou por nós...*
>
> Efésios 5:2

Você pode derrotar Satanás andando em amor, um amor bom, forte e saudável.

Poucos cristãos estão preocupados em andar em amor. Nós nos preocupamos com a prosperidade. Nós nos preocupamos com a cura, com o sucesso, com a vitória que queremos ter em nossas vidas, em como transformar nossa família, em como fazer com que nossos entes queridos sejam salvos. Mas Jesus disse:

> *Eu lhes dou um novo mandamento: que vocês devem amar uns aos outros. Assim como Eu os amei, vocês também devem amar uns aos outros. Nisto todos [os homens] saberão que vocês são Meus discípulos, se vocês amarem uns aos outros [se vocês continuarem demonstrando amor entre si].*
>
> JOÃO 13:34-35

Se você quer ser uma testemunha de Cristo, ande em amor. Andar em amor é receber o amor dele por você e permitir que ele flua para os outros.

UM SINAL DOS TEMPOS

> *E o amor da grande multidão de pessoas se esfriará...*
>
> MATEUS 24:12

Em Mateus capítulo 24 Jesus estava dando aos Seus discípulos alguns dos sinais do fim dos tempos: guerras e rumores de guerras, fomes e terremotos em muitos lugares, nações se levantando contra nações.

No versículo 12, Jesus disse que como um sinal do fim dos tempos o amor de *uma grande multidão de pessoas* se esfriaria... Creio que a *grande multidão de pessoas* é a Igreja.

Precisamos ter total certeza de que não temos uma fortaleza de amor frio e vazio em nossas vidas. Uma fortaleza onde não temos compaixão, uma fortaleza onde não nos importamos com as outras pessoas.

Deixe-me fazer-lhe uma pergunta. Tente respondê-la sinceramente. Você tem a sensação de que hoje, mais do que em qualquer outra época de sua vida, as pessoas não estão dispostas a ajudar umas às outras?

Você já se perguntou o porquê disso?

"Prefiro Não Me Envolver"

Então Ele derramou água na bacia e começou a lavar os pés dos discípulos e a secá-los com a toalha [do servo] com a qual estava cingido. Quando chegou a Simão Pedro, [Pedro] disse a Ele, Senhor, meus pés devem ser lavados por Ti? [Tu vais lavar os meus pés?] Jesus lhe disse: Você não entende agora o que estou fazendo, porém mais tarde entenderá. Pedro lhe disse: Nunca lavarás os meus pés! Jesus lhe respondeu: Se eu não lavá-los, você não tem parte comigo (em Mim) [você não tem parte em companheirismo comigo].

João 13:5-8

A principal explicação que ouvimos hoje para as pessoas não se disporem a ajudar outras é: "Prefiro não me envolver".

Quando Jesus tentou lavar os pés de Pedro, o discípulo disse: "Não, Tu não vais lavar os meus pés!" E Jesus disse a Pedro: "Se Eu não lavá-los, você não tem parte comigo".

Você sabe o que acho que Jesus queria dizer? Como mencionei anteriormente, creio que Ele estava dizendo: "Ajudem uns aos outros. Cuidem uns dos outros. Façam o que for preciso um pelo outro. Supram as necessidades uns dos outros". Também creio que Ele estava dizendo: "Se não nos envolvermos, nos dispondo a juntos suprir as necessidades alheias, então onde está o companheirismo, o relacionamento, a unidade entre nós?"

Que tipo de irmãos somos se não estamos envolvidos uns com os outros? Mas ainda assim, ouvimos as pessoas dizerem: "Não quero me envolver. Prefiro não me envolver. Eu me envolvi uma vez, e me magoei".

Todos se magoam. Se você foi magoado em um relacionamento, vá a Deus e permita que Ele o cure; depois volte a se envolver com as pessoas.

Satanás adora quando o nosso amor uns para com os outros é um amor frio e preferimos não nos envolver com os outros. Esse é, na verdade, um ataque demoníaco de guerra espiritual dos últimos tempos que dá a Satanás a supremacia sobre nós. Para impedi-lo de adquirir essa vantagem, precisamos desenvolver e exercitar andar em amor intensamente — com Deus, uns com os outros e com todos aqueles a quem Deus nos enviar.

Faça do Amor, e Não do Julgamento, a Sua Especialidade

Não julguem, critiquem e condenem os outros, para que vocês não sejam julgados e criticados e condenados. Porque assim como vocês julgarem, criticarem e condenarem os outros, vocês serão julgados, criticados e condenados, e de acordo com a medida que vocês usarem para tratar os outros, ela será usada para vocês. Por que você olha de fora para a pequena partícula que está no olho do seu irmão, mas não toma consciência e considera a tora de madeira que está no seu próprio olho?

MATEUS 7:1-3

Julgar as pessoas é fruto da ausência de amor por elas.

Precisamos nos especializar nas coisas que são importantes para Deus, e o amor é o principal para Ele.

Uma tradução de Mateus 7:3 diz: "Por que você está tentando tirar o palito do olho do seu irmão quando você tem um poste telefônico no seu próprio olho?"

Vamos ler o que Jesus diz em seguida na versão *Amplified Bible* dessa passagem:

Ou como você pode dizer ao seu irmão, "Deixe-me tirar essa pequena partícula do seu olho", quando há uma tora de madeira no seu próprio olho? Hipócrita, primeiro tire a tora de madeira

ANDE EM AMOR

do seu próprio olho, e depois você verá clara-
mente para tirar a pequena partícula do olho
do seu irmão.

MATEUS 7:4-5

O que Jesus está nos dizendo aqui? Creio que é:
"Você precisa se preocupar com o que está errado com
você, e não com o que está errado com todo mundo".
Isso era verdade quando Jesus disse da primeira vez, e ainda é verdade para nós hoje. É um
bom conselho a seguir, principalmente quando
o resultado de julgarmos as pessoas é uma porta
aberta para Satanás.

O JULGAMENTO ABRE A PORTA PARA O DIABO

Não deem aquilo que é santo (sagrado) aos
cães, e não lancem as suas pérolas aos porcos,
para que eles não as pisem com os pés e se vol-
tem e os dilacerem.

MATEUS 7:6

Escrevi na minha Bíblia, ao lado desse versículo, que
acredito que a coisa santa e sagrada que temos para
dar é o amor.

. 145 .

Agora, leia nas entrelinhas. O que Jesus está nos dizendo nesse versículo? Creio que Ele está dizendo: "Quando vocês julgarem as pessoas em lugar de amá-las, o diabo terá uma porta aberta em suas vidas". Creio que julgando e criticando as pessoas, abrimos a porta para Satanás lançando o que é santo (o amor) aos cães e porcos (espíritos demoníacos). Em Mateus 7:6, vemos qual será o resultado: os cães e porcos se voltarão, nos atacarão e nos farão em pedaços.

Julgando e criticando as pessoas, abrimos a porta para Satanás.

Eu me pergunto quantos problemas temos em nossas vidas porque abrimos a porta para Satanás julgando as outras pessoas: "Acho que ele não deveria ter esse tipo de carro. Acho que ela não deveria agir dessa maneira. Acho que ele não deveria fazer aquilo. Acho que...".

Posso compartilhar com você uma palavra de sabedoria nessa área? *Se um assunto não é de sua responsabilidade, não se incomode em ter uma opinião sobre ele.*

Isso Não Nos Diz Respeito

... que seja a ambição de vocês e que definitivamente vocês se esforcem para viver tranquilamente e pacificamente, para cuidar do que lhes diz respeito, e para trabalhar com as próprias mãos, como lhes ordenamos.

1 Tessalonicenses 4:11

Esse versículo é uma ótima lição sobre cuidarmos apenas do que nos diz respeito. Por exemplo, você não tem de se preocupar com o que eu visto porque você não compra as minhas roupas. Nem eu tenho de me preocupar com o que você veste porque eu não compro as suas roupas. Em outras palavras, *não julgue*.[1] Em vez disso, demonstre misericórdia porque *a misericórdia triunfa sobre o juízo*.[2]

Não pensamos o suficiente nas coisas certas, e pensamos demais nas coisas erradas. Gostamos de nos envolver nos assuntos alheios. Mas a Bíblia nos diz claramente para cuidarmos do que nos diz respeito e para nos ocuparmos com as nossas próprias mãos se quisermos ter uma boa vida.

Seja Uma Bênção para Outros

Quando irados, não pequem; nunca deixem que a sua ira (a sua exasperação, a sua fúria ou indignação) dure até o sol se por. Não deixem (esse) espaço ou base de apoio para o diabo [não deem oportunidade a ele].

Efésios 4:26-27

Essa passagem nos diz que quando ficamos irados, não devemos deixar que o sol se ponha sobre a nossa ira porque se fizermos isso, abriremos a porta para o inimigo. Daremos a ele oportunidades em nossa vida. Daremos a ele uma base de apoio, e se lhe dermos uma base de apoio, ele poderá transformá-la em uma fortaleza.

A melhor maneira de manter a porta fechada para o inimigo é andando em amor. As pessoas que andam em amor não ficam furiosas porque elas são rápidas em perdoar.

Em 2 Coríntios 2:10-11, o apóstolo Paulo instruiu as pessoas a perdoar, dizendo:

Se vocês perdoarem alguma coisa a alguém, eu também perdoo; e o que eu perdoei, se per-

doei alguma coisa, foi por causa de vocês na presença [e com a aprovação] de Cristo (o Messias), para impedir Satanás de ter vantagem sobre vocês; porque não ignoramos os seus embustes e as suas intenções.

Em Marcos 11:25, Jesus nos diz que ao orarmos, devemos perdoar qualquer pessoa contra quem tenhamos alguma coisa. Se não fizermos isso em amor, a nossa fé não funcionará porque, como diz Gálatas 5:6, a fé é ativada, intensificada, expressa e operada por meio do amor.

Quantas pessoas você acha que acreditam estar fazendo uma oração de fé, mas não andam em amor?

O que quero dizer quando digo que devemos andar em amor? Quero dizer que devemos tratar melhor as pessoas. Estou falando sobre suprir necessidades, sobre como falamos uns *dos* outros e como falamos uns *com* os outros. Estou falando em não ser rude. Estou falando sobre coisas pequenas e simples, como estar diante da mesa de livros e DVDs em uma conferência cristã e não empurrar as pessoas para passar na frente porque você está com pressa para comprar a série que fala sobre o amor!

É assim que a nossa carne é: "Quero comprar logo minhas mensagens para poder tirar o carro do

estacionamento primeiro porque estou com pressa".
Mais uma vez, tudo tem a ver com "eu, eu, eu".

Andar em amor significa ser uma bênção para outra pessoa.

"E Eu?"

... o amor (o amor de Deus em nós) não insiste nos seus próprios direitos ou no seu próprio interesse, porque ele não é egocêntrico...

1 CORÍNTIOS 13:5

Deus me mostrou muito sobre o egoísmo porque eu era uma pessoa muito egoísta e egocêntrica. Ah, eu orava, usava o nome de Jesus e repreendia demônios. Mas a única coisa que estava conseguindo era ficar cansada. Eu não entendia o que estava errado porque eu fazia tudo que me haviam dito para fazer para ter minhas orações atendidas.

Você já se sentiu assim? "Estou tão cansada. Deus, estou tão cansada de tudo isto. Estou fazendo tudo que devia fazer, mas nada está acontecendo. Não entendo o que está errado".

Talvez nada esteja acontecendo porque você está fazendo as coisas erradas. Você está fazendo, mas está tentando fazer o que só Deus pode fazer. Você está tão ocupada fazendo as coisas erradas que nunca presta atenção em fazer as coisas certas.

Tive muito a aprender sobre egoísmo, e certa manhã Deus me deu uma revelação sobre isso.

Nessa manhã específica, acordei e fiquei deitada em minha cama pensando em mim. Você já fez isso? Às vezes você fica deitada na cama apenas pensando em si mesmo, não apenas nos seus problemas, mas em como fazer com que todos o abençoem?

Enquanto eu fazia isso, Deus me disse (em meu coração): "Sabe, vocês todos me lembram um monte de robôs. Assim que acordam pela manhã, é como se o diabo colocasse uma chave de metal nas suas costas e a girasse muitas e muitas vezes".

Não é verdade? Se ficamos deitados na cama pensando em nós mesmos, o que realmente estamos fazendo é dando corda em nós mesmos para aquele dia, porque onde a mente vai, o homem segue. Como a Bíblia diz, como pensamos em nosso coração, assim nós somos.[3]

Deus me disse naquela manhã: "Vocês são como um monte de robôs mecânicos. O inimigo dá corda em vocês, e é isso o que ouço o dia inteiro: "E eu? E eu? E eu? — eu, eu, eu, eu? E eu?"".

Quando conto essa história nas minhas conferências, costumo andar como um robô, uma imitação que se tornou muito popular junto às pessoas que me assistem. Na verdade, as pessoas sempre me dizem: "Joyce, faça o robô. Faça o robô".

Ao longo dos anos, as pessoas que me viram fazer minha imitação de robô me enviaram alguns robôs de brinquedo. Um deles traz um cartaz que diz: "E eu? E eu?"

É impossível manter Satanás debaixo dos nossos pés enquanto levamos um estilo de vida egoísta. Lembre-se de que uma das primeiras coisas que a Bíblia diz sobre o amor é que ele não é egoísta ou egocêntrico. O amor não faz a coisa certa para receber algo em troca; o amor simplesmente faz a coisa certa porque é a coisa certa a fazer.

Andar em amor pode significar viver de uma maneira nova, mas vale a pena o esforço. Isso não apenas abençoa os outros, mas abençoa a pessoa que anda em amor.

9
SAIBA A DIFERENÇA ENTRE "SER" E "FAZER"

Maneira N.º 6

Portanto fiquem firmes, tendo se cingido com a verdade, tendo colocado a couraça da justiça.

EFÉSIOS 6:14

Uma das peças da armadura espiritual que a Bíblia nos ensina a vestir em Efésios 6 é a couraça da justiça. A versão Bíblia Viva a chama de "*a couraça da aprovação de Deus*".

Você precisa saber que Deus o ama, que você foi feito justiça de Deus em Seu Filho Jesus Cristo.[1] Ninguém o conhece tão bem quanto Deus. Mas, embora

Ele conheça tudo sobre você, inclusive seus erros, Ele ainda o aprova e o aceita, como faz com todos nós. Logicamente, Ele não aprova o nosso comportamento errado, mas ainda nos ama.

Neste capítulo, você terá a oportunidade de aprender a diferença entre o seu "ser" e o seu "fazer". Deixe-me explicar o que quero dizer.

Talvez você não faça tudo certo, mas Deus vê seu coração. Se você quer fazer o que é certo, se quer obedecer a Deus, mas não tem conhecimento suficiente ou ainda precisa de algum treinamento, Deus entende isso. Ele nunca para de trabalhar em você até transformá-lo na pessoa que Ele o criou para ser.

Em 2 Coríntios 3:18, a Bíblia diz que somos transformados de glória em glória — em outras palavras, não mudamos simplesmente da noite para o dia. Deus entende de onde viemos. Ele entende nossa história, nossa origem. Ele entende pelo que passamos, as ideias equivocadas que temos a respeito de nós mesmos — e Ele trabalha conosco para superarmos tudo isso. Ele nos ajuda a derrotar nossos inimigos pouco a pouco.[2]

Além disso, 2 Coríntios 5:17 nos diz que se uma pessoa está em Cristo, ela é nova criatura; as coisas velhas já passaram e tudo se fez novo. O versículo

21 dessa passagem diz que Jesus, que não conheceu pecado, se tornou pecado para que nós pudéssemos ser feitos justiça de Deus nele.

Então, esse é quem você é. Agora que você está em Cristo, você é a justiça de Deus nele. Você não faz sempre tudo certo, mas isso não muda quem você é. Meus filhos não fazem sempre tudo o que desejo, mas eles ainda são meus filhos, e eu ainda os amo. Não quero que um vizinho, um amigo ou um inimigo me diga o que há de errado com meus filhos porque eles são meus filhos, e eu cuidarei deles.

Então, quando o diabo lhe disser que tudo o que você está fazendo está errado, você deve dizer a ele: "Obrigado por me lembrar, mas deixe-me lembrá-lo de que ainda sou a justiça de Deus em Cristo Jesus, e estou sendo transformado de glória em glória. Não sou perfeito, mas sou aceitável para Deus por causa do que Jesus já fez por mim. Jesus foi perfeito em meu lugar. O fato de eu ser feito reto diante de Deus não se baseia no meu desempenho, mas na minha fé e confiança no desempenho de Jesus".

Entendendo a Justiça

Bendito seja o Deus e Pai de nosso Senhor Jesus Cristo, que nos abençoou com toda sorte de bênção espiritual nos lugares celestiais em Cristo, assim como Ele nos escolheu nele antes da fundação do mundo, para que fôssemos santos e irrepreensíveis perante Ele em amor, tendo nos predestinado à adoção como filhos por Jesus Cristo para Ele próprio, de acordo com o bom prazer da Sua vontade, para o louvor da glória da Sua graça, pela qual Ele nos tornou aceitos no Amado.

EFÉSIOS 1:3-6

Para saber quem é em Jesus Cristo, você precisa entender perfeitamente a justiça. Você não conseguirá fazer isso durante o breve intervalo de tempo que passar lendo este livro.

Compreender a justiça divina é provavelmente uma das coisas mais difíceis para nós alcançarmos com nossa mente legalista, rígida e cheia de religião. Sei disso porque me lembro da dificuldade que tive em fazê-lo.

Por que é tão difícil para nós entendermos que, se estamos em Cristo já nos tornamos a justiça de Deus, já somos aceitos perante Ele assim como somos? É porque o mundo nos ensina que somos aceitos com base no que fazemos. Isso é tentar ser justo por seus próprios méritos, através de boas obras.

Se cremos em Jesus, nunca seremos rejeitados ou condenados.

O problema é que esse tipo de justiça só está à nossa disposição se fizermos tudo perfeitamente. Quando cometemos um erro, não a temos mais, e nos sentimos mal por perdê-la. A justiça de Deus funciona justamente ao contrário; ela não é adquirida por nós, mas é dada gratuitamente a nós pelo Senhor.

De acordo com a Bíblia, tornamo-nos aceitos no Amado. Isso significa que se cremos em Jesus, nunca seremos rejeitados ou condenados. A justiça de Deus nos é dada pela graça através da fé em Seu Filho Jesus.[3] Ela não se baseia no que fazemos, mas no que cremos — ou mais precisamente em *Quem* cremos.

QUEM VOCÊ É CONSERTARÁ O QUE VOCÊ FAZ

Aquele que crê nele [que se apega a Ele, confia nele, depende dele] não é julgado [aquele que confia nele nunca comparece ao julgamento; para ele não há rejeição, nem condenação — ele não incorre em condenação]; mas aquele que não crê (não se apega a Ele, não depende dele e não confia nele) já está julgado [já foi condenado e já recebeu a sua sentença] porque não creu nem confiou no nome do Filho unigênito de Deus. [Ele está condenado por recusar que a sua confiança repouse no nome de Cristo].

João 3:18

Esse versículo é tremendo! Ele nos diz que o que Deus está procurando em nós é em Quem nós cremos, e não o que fazemos.

Creio que Jesus morreu pelos meus pecados. Creio que embora eu seja imperfeita, meu coração é reto para com Deus. Eu o amo tanto quanto sou capaz. Creio que estou mudando todos os dias, mas sei que não sou aperfeiçoada ainda. Creio que o sangue de Jesus lava todos os meus pecados. Arrependo-me dos meus pecados, e creio que ando continuamente em perdão[4] porque todas as vezes que Deus me mostra haver um pecado dentro de mim, me arrependo sinceramente por ele. Creio que o sangue — não o meu desempenho, mas o sangue de Jesus Cristo — me tornou reta diante de Deus. Portanto, creio que não sou julgada.

Isso não significa que não preciso mudar. Não significa que eu não preciso melhorar. Significa apenas que sei a diferença entre quem eu sou e o que faço.

Você sabe a diferença entre o seu "ser" e o seu "fazer"? Se não sabe, se sentirá culpado por alguma coisa o tempo todo, porque você vai sempre estar tentando mudar e melhorar. Mas isso não vai funcionar, então você terá a sensação de que não fez tudo que Deus pediu a você para fazer a fim de se tornar aceitável e agradável a Ele.

Se você está tentando "fazer" coisas para consertar "quem" você é, saiba que não é isso que Deus exige. Deus está preocupado com nossos motivos. Ele não quer que façamos coisas para compensar o que fizemos de errado ou para sermos aceitáveis a Ele. Só existe um tipo de "fazer" que nos torna aceitáveis a Ele: crer e ter fé no que Jesus fez, e não fé no que nós podemos fazer.

Eu encorajo você a dizer todos os dias: "Estou colocando minha dependência em quem eu sou em Cristo e não no que faço para Ele, e Ele está me ajudando a fazer as coisas certas pelos motivos certos".

10
PENSE NO QUE VOCÊ ESTÁ PENSANDO

Maneira N.º 7

> Tudo o que é verdadeiro, tudo o que é digno de reverência e é honroso e decente, tudo o que é justo, tudo o que é puro, tudo o que é amável, tudo o que é bom e agradável e gracioso, se alguma virtude e excelência há, e se existe algo digno de louvor, pensem nessas coisas, apreciem-nas e considerem-nas [fixem suas mentes nelas].
>
> FILIPENSES 4:8

Você provavelmente já ouviu muitos bons ensinamentos falando acerca daquilo que pensamos, de modo que não vou entrar em muitos detalhes aqui. Mas se você ler esse versículo da Bíblia em espírito de oração, creio que verá o ponto onde quero chegar: você precisa tomar cuidado com seus pensamentos. Você precisa pensar no que anda pensando.

Quando você começar a se sentir desanimado e deprimido, se parar e fizer um inventário dos seus pensamentos, muitas vezes descobrirá por que está se sentindo assim.

Como vimos anteriormente, 2 Coríntios 10:4 nos diz que Deus nos deu armas espirituais para derrubar fortalezas em nossas vidas. O pensamento negativo é uma fortaleza da mente que nossas armas espirituais podem derrubar. Como veremos em seguida, a mente é o lugar onde a batalha contra o inimigo realmente acontece.

A Mente é o Campo de Batalha

[Na medida em que nós] refutamos argumentos, teorias e raciocínios e toda altivez e arrogância que se levante contra o [verdadeiro] conhecimento de Deus; e levamos todo pensamento e propósito cativo à obediência de Cristo (o Messias, o Ungido)...

2 Coríntios 10:5

A mente é o campo de batalha. Esse é o lugar onde Satanás guerreia conosco.

Quando Satanás atacou Jesus no deserto com tentações, e a Bíblia diz: "... *o diabo disse a Ele [Jesus]...*",[1] creio que essas tentações chegaram à mente de Jesus na forma de pensamentos. Já vimos como Jesus lidou com esses pensamentos. Ele os refutou citando a Palavra de Deus.

2 Coríntios 10:5 nos diz que devemos fazer o mesmo que Jesus. Devemos refutar *todos os argumentos, teorias e raciocínios e toda altivez e arrogância que se levantem contra o [verdadeiro] conhecimento de Deus.* Devemos *levar todo pensamento e propósito cativo à obediência de Cristo.* Devemos usar continuamente a Palavra como uma arma para derrotar o diabo e mantê-lo debaixo dos nossos pés.

A Palavra Destrói Fortalezas Mentais

Porque a Palavra que Deus fala é viva e cheia de poder [tornando-a ativa, operante, intensa e eficaz]. Ela é mais afiada do que uma espada de dois gumes, penetrando até a linha divisória do sopro da vida (alma) e do espírito [imortal], e das juntas e medulas [as partes mais profundas da nossa natureza], expondo, peneirando, analisando e julgando os próprios pensamentos e propósitos do coração.

HEBREUS 4:12

Se você não está familiarizado com essas passagens bíblicas, precisa estudá-las e meditar nelas. Elas basicamente dizem que temos armas. A Palavra de Deus é uma dessas principais armas. Orar e passar tempo com Deus são outras duas armas. Andar em amor e vigiar nossas palavras também são armas.

Com uma dessas armas, a Palavra de Deus, podemos destruir fortalezas mentais.

Por exemplo, tive de aprender a usar a Palavra de Deus para destruir uma fortaleza que o diabo tinha na minha mente. Durante anos pensei que por ter sofrido abuso sexual na minha infância, eu era tão problemática que nunca poderia servir para coisa alguma, que ninguém jamais iria me querer. Eu acreditava nessas coisas porque era isso que Satanás me dizia.

Quando mergulhei na Palavra, comecei a descobrir a verdade. Vi que a Bíblia diz que Deus me daria dupla recompensa pela minha vergonha.[2] Descobri que eu poderia ter o dobro pelos problemas que tive, se seguisse a Deus.

Eu tinha uma fortaleza em minha vida: a ideia de que eu não valia nada. Então comecei a me encher com a verdade. Agora, quando esses pensamentos negativos surgem, o espírito dentro de mim se levanta e usa a espada de dois gumes da Palavra contra as mentiras de Satanás.

E também uso a minha boca para declarar essa verdade: "Não, Satanás, tenho valor em Deus. Não tenho valor em mim mesma, mas a bondade dele habita em mim, e Ele tem um bom plano para a minha vida. Venci meu passado porque me esqueci das coisas que ficaram para trás e estou prosseguindo para as boas coisas que estão à frente".

Declarar a verdade para o diabo é a única maneira de ter sua mente transformada.

Se você tem algum tipo de fortaleza mental, creio que Deus está falando diretamente com você através deste livro. Esta é a hora de alinhar seus pensamentos de acordo com a Palavra e avançar para as boas coisas que Deus tem reservadas para você. A escolha é sua. Se fizer isso e ousar acreditar que Deus transformará as circunstâncias, será apenas uma questão de tempo até que Ele o faça.

11
ORE EM TODO O TEMPO

Maneira N.º 8

Orem em todo o tempo (em toda ocasião, em todo momento) no Espírito, com toda [espécie de] oração e súplica. Para isso, estejam alerta e vigiem com forte propósito e perseverança, intercedendo em favor de todos os santos (o povo consagrado de Deus).

EFÉSIOS 6:18

Esse versículo descreve muito bem a última peça da armadura espiritual apresentada em Efésios capítulo 6: a oração. A oração é simplesmente uma conversa com Deus; é nosso pedido, nossa petição.

Basicamente, nesse versículo o apóstolo Paulo está nos dizendo: "Quando vocês precisarem de alguma coisa, peçam-na a Deus".

Paulo também falou sobre oração em Filipenses 4:6, dizendo: *"Não andem ansiosos por nada, mas em tudo, pela oração e súplica, com ações de graças, permitam que seus pedidos sejam conhecidos por Deus".* Em outras palavras, orem, digam a Deus a sua necessidade e sejam gratos.

Oferecer a Deus a oração de ações de graças, a oração de adoração e a oração de louvor é outra parte da oração. No Antigo Testamento, o salmista disse acerca de Deus: *"Sete vezes por dia e o dia inteiro eu Te louvo por causa dos Teus justos decretos".*[1] No Novo Testamento, Paulo escreveu: *"Desejo portanto que em todo lugar os homens orem, sem ira, discussão, ressentimento ou dúvida [em suas mentes], levantando mão santas".*[2]

Certa vez li esse versículo em meu quarto de hotel, antes de uma conferência, e simplesmente levantei minhas mãos e comecei a orar: "Deus, eu Te amo. Eu Te adoro, Senhor. Eu engrandeço o Teu nome". Então eu disse: "Ajuda-me a lembrar de fazer isso sete vezes ao dia!"

O louvor e a adoração confundem o inimigo. Se você ainda não tem esse hábito, tome a decisão de parar ocasionalmente ao longo do dia e louvar a Deus, e você verá a derrota do diabo.

Faça uma Pausa para Louvar

Aquele que Me traz uma oferta de louvor e ações de graças Me honra e Me glorifica...

SALMOS 50:23

Precisamos fazer pausas para louvar. Durante o dia, precisamos fazer uma pausa e dizer: "Obrigado, Senhor. Eu Te amo. Tu és digno de ser louvado".

Para que você se lembre disso quando estiver em casa, sugiro que coloque uma placa de aviso que diga: "Faça uma Pausa para Louvar".

Creio sinceramente que se você começar a orar mais, a louvar mais e a adorar mais a Deus, se começar a passar mais tempo sendo grato a Ele, parar de reclamar e murmurar, você começará a ver algumas mudanças em sua vida.

Interceda em Oração

Antes de tudo, então, eu os advirto e incentivo que sejam oferecidas petições, orações, inter-

. 169 .

cessões, e ações de graças em favor de todos os homens... Pois tais [orações] são boas e retas, e agradáveis e aceitáveis a Deus, nosso Salvador.

1 Timóteo 2:1, 3

Interceda por outras pessoas. Interceder é ficar na brecha por outra pessoa, defender a causa dela diante de Deus. Orar pelos outros é como plantar uma semente. Se você planta uma semente, terá uma colheita.[3] Quando você semeia na vida de outra pessoa, Deus supre as suas necessidades. Portanto, quando você ora, colhe bênçãos em sua vida também.

Talvez você também precise orar por si mesmo para não cair em tentação.

Talvez você também precise orar por si mesmo para não cair em tentação. Como Jesus nos disse em Mateus 26:41: *"Todos vocês devem ficar atentos (dar estrita atenção, ser cautelosos e ativos) e vigiar e orar, para que não entrem em tentação. O espírito na verdade está disposto, mas a carne é fraca".*

Esse tipo de oração é especialmente importante se existem áreas em sua vida nas quais você sabe que é tentado.

Se sabe que vai estar próximo de uma determinada pessoa que sempre o deixa furioso, não espere simplesmente que essa pessoa não o irrite. Não tente simplesmente não ficar furioso na próxima vez que encontrar esse indivíduo. Passe algum tempo em oração antes de entrar em contato com essa pessoa. Diga: "Senhor, preciso que Tu me fortaleças porque todas as vezes que estou perto dessa pessoa, acabo ficando furioso, e não quero cair nessa tentação. Ajuda-me, Senhor".

Se você orar antecipadamente, estará mais bem preparado para enfrentar essa tentação.

O mesmo acontece com outras áreas problemáticas. Se você é tentado no seu apetite, por exemplo, ore a esse respeito antes de se sentar à mesa. Não abençoe simplesmente seu alimento e depois engula a comida. Antes mesmo de começar a comer, diga: *"Senhor, preciso do Teu auxílio. Ajuda-me a fazer as escolhas certas aqui. Ajuda-me a escolher coisas que sejam boas para mim e saudáveis para o meu corpo".*

Faça sua parte — orar — e deixe Deus fazer a parte dele — agir. A oração é uma maneira de ter poder sobre o diabo.

ABRA CAMINHO AO LONGO DO
DIA ATRAVÉS DA ORAÇÃO

... a oração (ardente e contínua) de um justo disponibiliza um tremendo poder [dinâmico em sua operação].

TIAGO 5:16

Se deseja ter poder contra Satanás, você precisa aprender a orar ao longo de todo o dia.

A oração é uma das maneiras pelas quais nós, crentes, temos autoridade espiritual sobre o inimigo. Ela é um privilégio e uma vantagem muito específicos, porque o ato da oração amarra o mal, libera o bem[4] e gera uma ação que mudará circunstâncias.

Ore sobre tudo; ore por qualquer coisa. Ore no supermercado. Ore no carro. Ore em casa. Ore na igreja. Ore em silêncio. Ore em voz alta. Ore em concordância,[5] mas ore em todo o tempo.

Quando oramos, Deus pode fazer cooperar para o nosso bem aquilo que Satanás pretende fazer para o nosso mal.[6] Portanto, ore em todo lugar, em todo momento e em toda ocasião. O diabo não será capaz de derrotá-lo, e o único lugar que ele terá na sua vida será debaixo dos seus pés!

CONCLUSÃO

Neste livro, compartilhei algumas das coisas que o Senhor me ensinou ao longo dos anos sobre manter o diabo debaixo dos nossos pés.

Como mencionei, nosso valor não está no que fazemos, mas em quem somos em Cristo. Ande sempre em amor. O diabo não sabe o que fazer com uma pessoa que está disposta a colocar os outros antes de si mesma como um serviço a Deus. Ore em todo o tempo, porque a oração abre as janelas do céu e fecha os portões do inferno. Ela é a diferença entre a vitória e a derrota.

Tome cuidado com o que você pensa, porque a mente é o campo de batalha no qual Satanás mais lhe ataca. Não acredite em tudo que lhe vem à mente. Expulse os pensamentos errados que não estão de acordo com a Palavra de Deus. Tenha sempre em mente que "... *maior é aquele que está em você do que aquele que está no mundo*".[1]

OITO MANEIRAS DE MANTER O DIABO DEBAIXO DOS SEUS PÉS

A obediência é uma das chaves mais importantes para manter o diabo debaixo dos seus pés. Ele não pode derrotar um crente obediente que colocou sua confiança firmemente em Deus.

Creio que esta mensagem contêm verdades ricas e poderosas que o ajudarão a aprender a controlar o diabo em vez de permitir que ele o controle. Oro para que você não apenas medite nelas, mas as coloque em prática. Se você permanecer firme e decidir que Satanás não vai conseguir o que quer, não demorará muito para começar a ver mudanças radicais em praticamente todas as áreas de sua vida.

O diabo quer que você seja uma pessoa impotente, deprimida, desanimada, morna, fria e apática. Ele quer que você seja um alvo fácil para os ataques dele. Posicionando-se firmemente contra ele, você o destituirá de seu poder, fechará a porta na cara dele e abrirá a porta para que ele seja derrotado.

. 176 .

ORAÇÃO PARA COLOCAR O DIABO DEBAIXO DOS SEUS PÉS

FAÇA ESTA ORAÇÃO EM VOZ ALTA:

Pai, eu Te agradeço porque pelo fato de Teu Filho Jesus ter morrido na cruz e derrotado Satanás, tenho poder e autoridade sobre o inimigo. Agora mesmo vou começar a exercer esse poder e autoridade e colocá-lo no lugar que lhe é devido, debaixo dos meus pés.

No nome de Jesus, declaro que pela graça de Deus não permitirei mais que Satanás roube a Palavra de mim. Calçarei os meus pés com a preparação do Evangelho da paz, a fim de que eu possa permanecer em paz em todo o tempo. Passarei tempo contigo e com a

Tua Palavra, começarei a vigiar atentamente minha boca e a me submeter a Ti em obediência pessoal. Andarei em amor, sabendo a diferença entre quem sou em Cristo Jesus e o que faço na minha fragilidade humana, refletindo acerca do que penso e orando em todo o tempo e em todos os lugares acerca de tudo. Obrigado pelo Teu amor por mim e pelo Teu plano glorioso para a minha vida. Em nome de Jesus eu oro, amém.

VERSÍCULOS PARA MANTER O DIABO
DEBAIXO DOS SEUS PÉS

Seria ridículo Deus nos dizer que o diabo está debaixo dos nossos pés e não nos dar os meios para o mantermos ali. Foi por isso que Deus nos deu Sua Palavra — para que possamos usá-la.

Recomendo enfaticamente que você declare a Palavra com sua boca porque, como vimos, a Palavra é a espada de dois gumes que deve ser usada contra o inimigo. Declare os seguintes versículos bíblicos com tanta frequência quanto necessário e contra-ataque o diabo com a mesma arma que Jesus usou: A Palavra!

CONCLUSÃO

*Eis aqui a terra que eu pus diante de vós;
entrem e tomem posse da terra que o Senhor,
com juramento, deu a vossos pais, Abraão,
Isaque e Jacó, para dá-la a eles e à sua descendência depois deles.*

Deuteronômio 1:8

*Todo lugar que pisar a planta dos seus pés,
Eu o dei a vocês, como prometi a Moisés.*

Josué 1:3

*Este Livro da Lei não deverá se afastar da
sua boca, mas vocês devem meditar nele dia
e noite, para que possam observar e agir de
acordo com tudo que está escrito nele. Porque
então vocês tornarão próspero o seu caminho,
e então se conduzirão com sabedoria e pros-
perarão.*

Josué 1:8

Todas estas bênçãos virão sobre vocês e os alcançarão.

Deuteronômio 28:2

Levante-se [da depressão e prostração na qual as circunstâncias o têm mantido — levante-se para uma nova vida]! Brilhe (seja radiante da glória do Senhor), porque a sua luz veio, e a glória do Senhor se levantou sobre você!

Isaías 60:1

Mas sejam praticantes da Palavra [obedeçam à mensagem], e não meramente ouvintes dela, traindo a si mesmos [ao engano por raciocinarem contrariamente à Verdade].

Tiago 1:22

Finalmente, meus irmãos, sejam fortes no Senhor e na força do Seu poder. Coloquem toda a armadura de Deus, para que possam estar

Conclusão

firmes contra as ciladas do diabo. Porque não lutamos contra carne e sangue, mas contra principados, contra potestades, contra os governantes das trevas desta era, contra as hostes espirituais da maldade nos lugares celestiais. Portanto, tomem toda a armadura de Deus, para que possam resistir no dia mau, e tendo feito tudo, permanecer inabaláveis. Estejam firmes, portanto, tendo cingido a sua cintura com a verdade, tendo colocado a couraça da justiça, e tendo calçado os seus pés com a preparação do evangelho da paz; acima de tudo, tomando o escudo da fé, com o qual vocês poderão apagar todos os dardos inflamados do maligno. E tomem o capacete da salvação, e a espada do Espírito, que é a Palavra de Deus.

Efésios 6:10-17

E não estejam assustados ou intimidados [nem por um instante] em nada pelos seus oponentes e adversários, pois tal [constância e destemor] será um sinal claro (uma prova e selo) para eles da sua [iminente] destruição, mas [uma evidência e símbolo certo] da sua libertação e salvação, e isto da parte de Deus.

Filipenses 1:28

Mas nenhuma arma que seja forjada contra você prosperará, e toda língua que se levantar contra você em juízo você demonstrará estar errada. Esta [paz, justiça, segurança, triunfo sobre a oposição] é a herança dos servos do Senhor...

Isaías 54:17

Porque assim disse o Senhor Deus, o Santo de Israel: Ao voltarem [para Mim] e descansarem [em Mim] vocês serão salvos; na tranquilidade e na confiança [firme] está a sua força...

Isaías 30:15

CONCLUSÃO

Aquele que habita no lugar secreto do Altíssimo permanecerá estável e firme à sombra do Onipotente [a cujo poder nenhum inimigo pode resistir].

Salmos 91:1

Submetam-se portanto a Deus. Resistam ao diabo, e ele fugirá de vocês.

Tiago 4:7

Não deem [esse] espaço ao diabo [não deem oportunidade a ele].

Efésios 4:27

Se vocês perdoarem alguma coisa a alguém, eu [Paulo] também o perdoarei; e o que perdoei, se alguma coisa perdoei, foi por amor a vocês na presença [e com a aprovação] de Cristo (o Messias). Para impedir Satanás de ter vantagem sobre vocês; porque não ignoramos os seus ardis e intenções.

2 Coríntios 2:10-11

OITO MANEIRAS DE MANTER O DIABO DEBAIXO DOS SEUS PÉS

Porque as armas da nossa guerra não são físicas [armas de carne e sangue], mas são poderosas perante Deus para a derrubada e destruição das fortalezas, [na medida em que nós] refutamos argumentos, teorias, raciocínios e toda altivez e arrogância que se levante contra o [verdadeiro] conhecimento de Deus; e levamos todo pensamento e propósito cativo à obediência de Cristo (o Messias, o Ungido).

2 Coríntios 10:4-5

Porque a Palavra que Deus fala é viva e cheia de poder [tornando-a ativa, operante, intensa e eficaz]; ela é mais afiada do que qualquer espada de dois gumes, penetrando até a linha divisória do sopro da vida (alma) e do espírito [imortal], e das juntas e medulas [das partes mais profundas da nossa natureza], expondo, peneirando, analisando e julgando os próprios pensamentos e propósitos do coração.

Hebreus 4:12

CONCLUSÃO

Orem em todo o tempo (em toda ocasião, em todo momento) no Espírito, com toda [espécie de] oração e súplica. Com este fim estejam alerta e vigiem com forte propósito e perseverança, intercedendo em favor de todos os santos (o povo consagrado de Deus).

Efésios 6:18

Pois tal [oração] é boa e reta, e é agradável e aceitável a Deus o nosso Salvador.

1 Timóteo 2:3

... a oração ardente (sincera, contínua) de um justo disponibiliza um tremendo poder [dinâmica em operação].

Tiago 5:16

ORAÇÃO PARA TER UM RELACIONAMENTO PESSOAL COM O SENHOR

Deus quer que você receba Seu dom gratuito da salvação. Jesus quer salvar você e enchê-lo com o Espírito Santo mais do que qualquer outra coisa. Se você nunca convidou Jesus, o Príncipe da Paz, para ser seu Senhor e Salvador, eu o convido a fazer isso agora. Faça a seguinte oração, e se realmente estiver sendo sincero, você experimentará uma nova vida em Cristo.

Pai,

Tu amaste tanto o mundo, que deste o Teu Filho unigênito para morrer pelos nossos pecados para que todo aquele que crer nele não pereça, mas tenha vida eterna.

*Tua Palavra diz que somos salvos pela gra-
ça através da fé, como um dom que vem de Ti.
Não há nada que possamos fazer para merecer
a salvação.*

*Creio e confesso com minha boca que Jesus
Cristo é o Teu Filho, o Salvador do mundo. Creio
que Ele morreu na cruz por mim e levou todos
os meus pecados, pagando o preço por eles. Creio
em meu coração que Tu ressuscitaste Jesus den-
tre os mortos.*

*Eu Te peço que perdoes os meus pecados. Con-
fesso Jesus como meu Senhor. De acordo com a
Tua Palavra, estou salvou e passarei a eternida-
de contigo! Obrigado, Pai. Sou muito grato a Ti!
Em nome de Jesus, amém.*

Ver João 3:16; Efésios 2:8- 9; Romanos 10:9-10; 1
Coríntios 15:3-4; 1 Joao 1:9; 4:14-16; 5:1, 12-13.

NOTAS

INTRODUÇÃO

1. Ver Gênesis 1:27-28.

2. Ver Gênesis capítulo 3.

3. João 10:10; 8:44.

4. Ver Apocalipse 20:3.

5. Ver Lucas 10:19.

6. Ver Romanos 14:17.

Parte 1 - Tudo Se Resume em Fazer

CAPÍTULO 1

1. Ver Êxodo 12:31, 40.

2. Ver Números 33:48-49.

3. Ver Números 33:53.

4. Ver Romanos 5:6-11.

5. Ver Efésios 6:12.

6. Ver Romanos 8:13.

7. 1 Coríntios 15:31.

CAPÍTULO 2

1. Hebreus 13:8.

2. Filipenses 4:13.

3. Ver Efésios 5:22; Colossenses 3:18.

4. Ver Colossenses 3:5, 8-10.

5. Ver Gênesis 17:9-14.

6. Romanos 2:28-29.

7. Gálatas 5:22-23.

CAPÍTULO 3

1. Ver Malaquias 3:8.

2. Ver Salmos 31:15.

3. Marcos 9:34.

4. Tudo o que somos e necessitamos — nossa redenção, nossa integridade, nossa sabedoria, paz e esperança — encontra-se "em Cristo". Ver Colossenses 2:10.

5. João 13:15.

6. João 13:17.

7. Ver Salmos 44:5; Lucas 9:1.

8. Ver Tiago 4:7.

Parte 2

INTRODUÇÃO

1. Ver João 8:32.

Notas

Capítulo 4

1. Ver João 8:58.
2. Ver 1 Coríntios 12:4-11.
3. Ver Hebreus 1:3; 8:1; 12:2; Apocalipse 3:21.
4. Hebreus 10:12-13.
5. Ver Hebreus 9:1-7.
6. Ver Êxodo 28:33-35.
7. Hebreus 9:11-28.

Capítulo 5

1. "De acordo com muitos investigadores, a arca era originalmente um santuário de Guerra... O fato dela ter sido projetada para ser um símbolo da presença de Deus no meio do Seu povo é o que é comumente ensinado acerca do Antigo Testamento". *International Standard Bible Encyclopedia*, Original James Orr 1915 Edição de 1915, Electronic Database (copyright ©1995-1996 por Biblesoft), "Ark of the Covenant". Todos os direitos reservados.

1. Ver Marcos 16:19.

Capítulo 6

1. João 6:63.
2. Isaías 61:3.
3. Salmos 42:5.
4. Romanos 4:17.
5. Romanos 4:17.

6. João 8:44.

7. Lucas 3:22.

8. Ver Romanos 3:22; 2 Coríntios 5:21.

9. 2 Coríntios 10:4.

10. Ver Salmos 118:17.

11. Ver Números 32:11-12.

12. Ver 1 Coríntios 10:5-8.

13. Salmos 141:3.

Capítulo 7

1. "O temor do Senhor significa aquela reverência religiosa que todo ser inteligente deve ao seu Criador..." *Clarke's Commentary*, por Adam Clarke, Electronic Database (copyright © 1996 by Biblesoft), "Provérbios 1:7". Todos os direitos reservados.

2. Baseado em informação que estimam que hoje 50% dos primeiros casamentos terminam em divórcio. Debra Baker, "Beyond Ozzie and Harriet," *ABA Journal*, (Chicago: Copyright American Bar Association, Setembro de 1998).

Capítulo 8

1. Mateus 7:1.

2. Tiago 2:13.

3. Provérbios 23:7.

Notas

Capítulo 9

1. 2 Coríntios 5:21.

2. Ver Êxodo 23:30.

3. A graça é o poder de Deus disponível para suprir nossas necessidades. Ela é recebida por crermos, e não pelo esforço humano.

4. Ver 1 João 1:7.

Capítulo 10

1. Lucas 4:1-13.

2. Ver Isaías 61:7.

Capítulo 11

1. Salmos 119:164.

2. 1 Timóteo 2:8.

3. Ver Gálatas 6:7.

4. Ver Mateus 16:19.

5. Ver Mateus 18:19.

6. Ver Gênesis 50:20.

Conclusão

1. 1 João 4:4.

Joyce Meyer é uma das líderes no ensino prático da Bíblia no mundo. Renomada autora de *best-sellers* pelo *New York Times*, seus livros ajudaram milhões de pessoas a encontrarem esperança e restauração através de Jesus Cristo.

Através dos *Ministérios Joyce Meyer*, ela ensina sobre centenas de assuntos, é autora de mais de 80 livros e realiza aproximadamente quinze conferências por ano. Até hoje, mais de doze milhões de seus livros foram distribuídos mundialmente, e em 2007 mais de três milhões de cópias foram vendidas. Joyce também tem um programa de TV e de rádio, *Desfrutando a Vida Diária®*, o qual é transmitido mundialmente para uma audiência potencial de três bilhões de pessoas. Acesse seus programas a qualquer hora no site www.joycemeyer.com.br

Após ter sofrido abuso sexual quando criança e a dor de um primeiro casamento emocionalmente abusivo, Joyce descobriu a liberdade de viver vitoriosamente aplicando a Palavra de Deus à sua vida, e deseja ajudar outras pessoas a fazerem o mesmo. Desde sua batalha contra um câncer no seio até as lutas da vida diária, Joyce Meyer fala de forma aberta e prática sobre sua experiência, para que outros possam aplicar o que ela aprendeu às suas vidas.

Ao longo dos anos, Deus tem dado a Joyce muitas oportunidades de compartilhar seu testemunho e a mensagem de mudança de vida do Evangelho. De fato, a revista *Time* a selecionou como uma das mais influentes líderes evangélicas dos Estados Unidos. Sua vida é um incrível testemunho do dinâmico e restaurador trabalho de Jesus Cristo. Ela crê e ensina que, independente do passado da pessoa ou dos erros cometidos, Deus tem um lugar para ela, e pode ajudá-la em seus caminhos para desfrutar a vida diária.

Joyce tem um merecido PhD em teologia pela Universidade Life Christian em Tampa, Flórida; um honorário doutorado em divindade pela Universidade Oral Roberts em Tulsa, Oklahoma; e um honorário doutorado em teologia sacra pela Universidade Grand Canyon em Phoenix, Arizona. Joyce e seu marido, Dave, são casados há mais de quarenta anos e são pais de quatro filhos adultos. Dave e Joyce Meyer vivem atualmente em St. Louis, Missouri.

CONFIRA NOSSAS PROMOÇÕES